FILHOS PERDIDOS

DENISE DIAS

FILHOS PERDIDOS

COMO AS CRIANÇAS ESTÃO
CRESCENDO COM PAIS AUSENTES E COMO
MELHORAR A VIDA FAMILIAR

© 2015 - Denise Dias
Direitos em língua portuguesa para o Brasil:
Matrix Editora
www.matrixeditora.com.br

Diretor editorial
Paulo Tadeu

Projeto gráfico e capa
Monique Schenkels

Revisão
Adriana Wrege
Silvia Parollo

CIP-BRASIL. CATALOGAÇÃO NA PUBLICAÇÃO
SINDICATO NACIONAL DOS EDITORES DE LIVROS, RJ

Dias, Denise

Filhos perdidos / Denise Dias. - 1. ed. São Paulo: Matrix, 2015.
128 p.; 21 cm.

Inclui índice
ISBN 978-85-8230-176-0

1. Psicanálise. 2. Psicanálise infantil. 3. Pais e filhos. I. Título.
15-20660   CDD: 150.195
                                      CDU: 159.964.2

Sumário

Agradecimentos . 9
Prefácio . 11
Apresentação . 15
Chamem o detetive: o tempo sumiu! . 21
Limites: quem manda em casa? . 25
Casal: em que medida vocês vivem um
"felizes para sempre"? . 35
Sono: o que você quer, um sonho ou um pesadelo? . 45
Alimentação: será que você cuida bem do seu filho? . 51
E aí? Você é ou não um amigo da escola? . 59
Sexualidade: ai, ai, ai...! . 71
Adolescência: você é mais pai ou mais amigo
do seu filho? . 81
Tecnologia: notebook, tablet, celular, Facebook,
Wi-Fi, 3G, selfie, TDB . 91
100 ideias para pais sem tempo . 101
30 jogos/brinquedos . 121

Dedico este livro a todos os pais que buscam, a cada dia, uma reflexão maior sobre o papel que exercem na vida de seus filhos.

Aos pais que sabem a real importância que há em participar ativamente da vida cotidiana de seus pimpolhos, algo que vai além de levá-los ao dentista e de pagar a melhor escola.

Aos pais que conseguem olhar para dentro de si mesmos e repensar seus erros, mas sem se chicotear demais (aos pais que não conseguem, eu desejo... um **tapa na bunda**).

A todos os pais que tentam no dia a dia fazer com que seus filhos se tornem pessoas íntegras, responsáveis, respeitáveis e autônomas.

Dedico este livro à esperança de uma sociedade melhor para as futuras gerações.

Que os filhos dos filhos dos nossos filhos tenham um céu mais azul e um arco-íris mais colorido. E que sejam capazes de enxergar um pote de ouro. Dentro de si mesmos.

Agradecimentos

Aos pais dos meus pacientes, por deixar em minhas mãos o que vocês têm de mais valioso. Agradeço por receberem com carinho e respeito o pozinho de pirlimpimpim para tornar a vida mais leve e colorida.

Agradeço a minha primeira professora mais marcante, que foi na segunda série, a "tia Marta", que me chamava de Florisbela, Florislinda, Floristudo. A ela devo o meu gostar de Português (tia Marta, gostaria muito de saber onde você está).

Agradeço à vida por ter me dado a infância dos anos 80, uma época em que os pais tinham mais tempo para seus filhos e a infância tinha mais cara de infância.

Agradeço à minha família por ter me criado com limites e valores estruturados na decência e na hierarquia dentro de casa. Agradeço a ela por sempre lidar com naturalidade com a questão da alimentação, sem tornar o legume um monstro e fazendo com que as crianças da família comessem de tudo um pouco.

Agradeço à minha mãe e à minha avó, que tiveram muita paciência comigo na hora de dormir, cantando musiquinhas e coçando as minhas costas eternamente.

Agradeço a uma "Marisa" especial, por ter sido a minha confidente na adolescência, aguentando os meus choros e tempestades mil, sempre me dando o suporte de que eu precisava.

Agradeço à minha mãe por ter me criado como criou. De fato, sou muito sua cópia: no rosto, no corpo, nos trejeitos, na audição, na garra, na eletricidade, no espírito de liderança, no jeito matraca e "pouco" sociável. E, diferente do que eu dizia, espelhada em você quando eu era criança, cresci, mas não prestei concurso público. Mas deu certo! Obrigada por tudo, fofinha da filhinha. Eu te amo muito, muito, muitão. Sua pequerrucha!

Agradecimento especial aos que vivem comigo pela tela

Quero e faço questão de agradecer a todas as pessoas que apoiam o meu trabalho e se expressam virtualmente. Saibam que os e-mails, mensagens e comentários, em posts, que recebo têm um poder gigante que me dão uma energia maravilhosa!

É incrível como criamos laços afetivos com pessoas com as quais nos comunicamos apenas virtualmente. Através da tela, trocamos ideias e compartilhamos emoções e ideais.

Aos leitores e ouvintes das minhas colunas e matérias diversas, eu agradeço com todo o meu coração o carinho, compreensão e compartilhamento de pensamentos.

Vocês fazem parte do combustível que me move para a frente! **A todos vocês, o meu muitíssimo obrigada!**

Prefácio

Canção Mínima
No mistério do sem-fim,
equilibra-se um planeta.

E, no planeta, um jardim,
e, no jardim, um canteiro;
no canteiro, uma violeta,
e, sobre ela, o dia inteiro,

entre o planeta e o sem-fim,
a asa de uma borboleta.

Cecília Meireles

Educar filhos, hoje em dia, exige, além do amor essencial, dedicação e vontade de acertar. Somente assim pode-se cumprir a sentença proverbial que resume as relações de causa e consequência na criação dos filhos: todo adulto equilibrado tem, dentro de si, uma criança feliz.

Depois do sucesso de *Tapa na bunda*, Denise Dias apresenta ao público o somatório da experiência com crianças e famílias, voltando-se, dessa vez, para a orientação dos pais em vista do importante compromisso com a educação e a formação dos filhos. É com conhecimento de causa, pois, que surge a obra *Filhos perdidos*, resultado de alguns importantes verbos de ação na vida dessa terapeuta e escritora: ouvir, analisar, concluir, assessorar.

O texto é de fácil compreensão, dirigido a todos os pais que realmente querem enxergar a realidade de seus filhos, dela participar e para ela encontrar soluções, aprendendo a intervir em problemas que já se tornaram ritualísticos. Trata-se de uma obra de caráter dialógico, por meio da qual a autora instaura uma proximidade com o leitor, determinando-lhe, ao final de cada tópico discutido, que "pense com a cabeça e responda com o coração". Nesses exercícios de reflexão, ela exige dos leitores que usem a adequada rigidez do cérebro e o sempre bem-vindo e produtivo amor do coração. A autora dá tarefa aos pais e, assim como eles devem cobrar a elaboração das tarefas escolares de seus filhos, a cobrança, neste livro, é feita pela consciência de cada um: a certeza de que se pode ficar tranquilo em face do dever bem cumprido.

Quanto à elaboração semântico-estrutural de seu texto, Denise usa a expressão metafórica e a substantivação de verbos para tornar mais espantosas suas revelações.

Cada vez mais, a autora aproxima-se do leitor com linguagem adequada à situação, exclamações, interjeições e significativas reticências, reveladoras de seu pasmo ao deparar com os problemas que retrata.

A obra demonstra que filhos encontrados e felizes resultam de os pais saberem exercer seu verdadeiro papel, dedicando-se aos filhos e convivendo harmoniosamente com eles, para, no futuro, não precisarem reconhecer que o tempo passou e já ficou tarde demais. Isso significa ver de verdade os filhos, e os agentes dessa ação só podem ser as figuras mais importantes desse processo: os pais. Somente assim haverá "um céu mais azul e um arco-íris mais colorido" para as futuras gerações.

Denise explora um assunto em cada capítulo, os leitores realizam uma autoanálise e, a seguir, ela propõe uma solução. Por exemplo, ao concluir que o respeito aos pais é, hoje, um valor em extinção – e, o que é pior, é vetor de outros desrespeitos, inclusive na escola –, a autora propõe: "Coloquem limites!".

Com a leitura desta obra, todas as pessoas envolvidas com a educação e a formação de crianças e adolescentes, em especial os pais, encontram apoio e condições práticas para se tornar agentes de uma belíssima história de equilíbrio, a qual pode ser a gênese de uma sociedade mais justa e promissora quanto à existência de cidadãos capazes de enfrentar, com vontade, amor e coragem, a arte do relacionamento interpessoal.

Esta nova obra de Denise Dias classifica-se como pórtico aberto para a realização de um mundo urgentemente melhor e concretiza-se como a celebração de nossa esperança.

Vera Lúcia Hanna
Doutora em Letras pela Universidade
de São Paulo e professora de Língua Portuguesa.

Apresentação

Você é cheio de compromissos todos os dias e nunca tem tempo para o seu filho? Você e seu cônjuge já deveriam ter se separado, mas não o fazem por causa dos filhos? Vocês têm a ilusão de que viver um inferno é melhor do que a separação? Você deixa o filhote dormir na sua cama junto com você porque dá preguiça levantar no meio da madrugada? Você se comporta de modo omisso quando seu filho demonstra curiosidades sexuais? Você se sente perdido com questões relacionadas à tecnologia, participação em reuniões da escola e... diz que não sabe brincar com seu filho?

Todas essas questões chegam a mim diariamente em meu trabalho clínico. Recebo pais que, devido ao ritmo de trabalho atual, compromissos e obrigações financeiras, chegam à noite em suas próprias casas em um estado de exaustão muito grande. Por isso mesmo não têm tempo nem ânimo para fazer o que devem fazer: cuidar de seus filhos. Com certeza, há algumas poucas décadas era mais fácil criar um filho. Não havia tanta cobrança financeira, as pessoas se importavam menos com status social, o mercado de trabalho era menos acirrado, as mães geralmente ficavam mais em casa e os pais trabalhavam menos turnos e realizavam menos viagens de negócios.

"Nossa... como é difícil criar um filho hoje em dia!" – ouço isso de muitos pais. E digo a eles que concordo, pois concordo mesmo. Além da falta de tempo e do cansaço, ainda temos de lidar com a falta de segurança nas ruas, educação de qualidade cada vez mais cara, entre outros aspectos sociais. Até pensar no futuro planeta que deixaremos para as próximas gerações tornou-se uma preocupação.

Assim, estamos nos tornando máquinas de fazer dinheiro, quase que robôs de aparência humana, bem vestidos e supostamente cultos. Mas temos falhado muito em um aspecto fundamental sobre ser um ser humano: temos falhado na convivência. Estamos tendo um surto em massa de amnésia sobre a importância de conviver uns com os outros. E o tsunami da tecnologia tem contribuído mais ainda para o alastramento dessa doença. Sim, é isso mesmo: estamos ficando doentes. Estamos ficando carentes de uma vitamina. A vitamina do conviver. Do olhar o outro com interesse genuíno em sua vida.

Por isso os pais estão gerando filhos, mas não estão participando da educação e do crescimento deles como deveriam. As relações entre pais e filhos estão ficando cada vez mais parecidas com um processo industrial de fabrico de uma boneca: uma junção de formas, ingredientes e... *voilà*! A boneca sai da máquina.

Por tudo isso, as relações matrimoniais também estão cada vez mais... menos. Menos respeitosas, menos flexíveis, menos olhar o outro, menos tempo juntos. Menos querer estar junto de verdade. Menos compromissadas.

Os adultos de hoje são muito bons em ser compromissados com as profissões que têm (e olhe lá!). Mas o ser compromissado com o estar com alguém... xiii... Isso está quase virando artigo de luxo; algo em extinção. Já, já casais compromissados estarão expostos nos museus ao lado de dinossauros! O mesmo quanto a pais compromissados. Uma pena...

Devido à frequência com que tais questões surgem no meu trabalho clínico com as crianças e suas famílias, resolvi escrever este livro. Aqui eu abordo tais pontos, explicando como os pais deveriam agir em certas situações. Assim como no meu primeiro livro, neste eu também levanto várias reflexões aos pais no final de cada capítulo. Além de todos os pontos abordados, finalizo o livro com uma lista de 130 sugestões de atividades para os pais. Ou seja, aos que não têm criatividade e dizem não saber como brincar com seus filhos, agora não há escapatória. É só uma questão de se organizar, colocar o tempo e a atenção com o seu filho entre as prioridades da sua vida e pôr a ideia em ação!

Espero que com a leitura de *Filhos perdidos* cada família consiga refletir sobre as suas falhas e agir enquanto é possível.

*Quem me dera, ao menos uma vez,
acreditar por um instante em tudo que existe;
e acreditar que o mundo é perfeito
e que todas as pessoas são felizes*

Índios
Legião Urbana

CHAMEM O DETETIVE: O TEMPO SUMIU!

Todos os dias quando acordo
Não tenho mais o tempo que passou
Mas tenho muito tempo
Temos todo o tempo do mundo

Tempo perdido
Legião Urbana

Tempo: um grande problema na atualidade. Constantemente os pais se queixam da falta de tempo. E vejo que é uma queixa justificada; os pais de fato não têm tempo para os seus filhos. Na verdade, os pais de hoje não têm tempo para nada. Não têm tempo nem para si mesmos. Veja bem, uma coisa é a mãe fazer as unhas para tê-las bem cuidadas para si mesma, outra coisa é porque precisa tê-las apresentáveis no seu ambiente de trabalho. Uma coisa é a mãe manter o seu cabelo com a cor e o corte adequados para a empresa em que trabalha, outra coisa é ela decidir fazer o que quiser com o próprio cabelo.
 Uma coisa é o pai sair para beber uma cerveja e assistir a um jogo de futebol pelo simples prazer de ter uma noite com os amigos, outra coisa é ele fazer isso por interesses profissionais.
 Uma coisa é o pai ter determinado carro por gostar de

fato de tal carro, outra coisa é porque a sua imagem tem peso no seu sucesso profissional.

E nada disso é irrelevante, pois a aparência que temos, os bens que possuímos repercutem na forma como somos vistos, respeitados, admirados pelos nossos clientes, pela sociedade em geral.

Tomo a mim como exemplo: ninguém quer uma terapeuta malvestida, com o cabelo descuidado, com cara de doente e um carro caindo aos pedaços.

O problema não está no ter ou no ter que ter. O problema está quando nos esquecemos de SER.

Se vivemos sempre pensando no que o outro vai pensar a nosso respeito, vivemos sempre em tensão. Se vestimos os nossos filhos e damos a eles aparelhos celulares conforme exige a classe social a qual pertencemos, vivemos sempre em tensão. Se escolhemos a escola X para os nossos filhos, o curso X de algum idioma estrangeiro, a academia X, praticar o esporte X, tudo por convenção social, vivemos sempre em tensão. E sem opinião própria, escravos de uma sociedade que dita as regras da nossa vida.

E assim o tempo passa vivido sob tensão. Não é à toa que cresce cada vez mais o número de hipertensos.

E assim os pais vão vivendo hoje: acumulando capital, mudando para um apartamento maior, trocando de carro a cada dois anos, trocando de celular a cada quatro meses (e sem saber o que fazer com o celular "velho"), enchendo cada vez mais os próprios guarda-roupas e, quando se dão conta, falam: "Nossa... como o tempo passou".

E então começa uma lamentação atrás da outra. Lamentam-se pelas muitas apresentações de final de ano de seus filhos que perderam, lamentam-se por não terem se aproximado dos pais dos melhores amigos de seus filhos, lamentam-se por não terem arranjado tempo para ir ao cinema com seus filhos, em vez de pedir aos avós que o fizessem. Lamentam-se por não saber o número do calçado do filho, lamentam-se por não acompanharem o histórico clínico daquela alergia terrível que o filho tem, lamentam-se por não terem tido um fim de semana por mês só para eles, longe dos celulares tocando, longe dos tablets, longe dos projetos de trabalho, longe de tudo... Um fim de semana por mês só deles, enfurnados em um acampamento ou em um hotel-fazenda ou em uma casa de praia. Ou mesmo enfurnados dentro de casa fazendo cabaninha com lençol e comendo pipoca e brigadeiro.

E então a vida passa, o filho cresce, sai de casa, vai viver com seja lá quem for e "tomara a Deus" que seja uma relação feliz, pensam os pais, já que eles mesmos não criaram intimidade com seus filhos durante a infância deles.

Da mesma forma que criar um monstro – como eu digo em *Tapa na bunda* – é um processo da noite para o dia, **criar um relacionamento amistoso, bacana, íntimo, saudável entre pais e filhos também é um processo da noite para o dia.**

Ser pai ou mãe não necessariamente quer dizer ser íntimo do seu filho. Você pode ser pai, você pode ser mãe, e ser também um completo estranho na vida dele.

Da mesma forma que muitos casais, com o passar do tempo, se veem como dois estranhos, muitos pais e filhos também se veem assim, pois **o tempo cronológico, ou seja, o tempo quantitativo, nem sempre caminha junto com o tempo qualitativo.**

E digo mais: de nada adianta se lamentar pelo pouco tempo

passado com o seu filho, pela pouca atenção e pela pouca paciência com os afazeres dele e não mudar a sua postura quanto a isso. **Agora resta a você olhar para o amanhã.** Empenhar-se mais, dedicar um pouco mais do seu tempo à pessoinha que você colocou no mundo. E, assim, **possibilitar que no futuro vocês tenham um ótimo relacionamento. De adulto para adulto.**

Pense com o cérebro e responda com o coração
Dentro das 24 horas do seu dia, como você avalia o tempo que tem para o seu filho? Não estou falando sobre cuidados básicos (alimentação, banho, levar para a escola etc.), mas sim sobre o tempo **com** o seu filho. Vamos por partes:

Você costuma conversar com seu filho sobre como ele passou o dia?

Você brinca com seu filho?

Você tem tempo para ajudá-lo (sem muito estresse) nas tarefas da escola?

O tempo para trocar de roupa, almoçar, entrar no carro etc. é tranquilo ou com muita correria?

Escreva aqui as suas observações:
_____
_____
_____
_____
_____
_____
_____
_____

LIMITES: QUEM MANDA EM CASA?

Nos perderemos entre monstros
Da nossa própria criação?

Será
Legião Urbana

Não há como falar em educação infantil sem tocar no assunto "limites". Então, como o meu primeiro livro, *Tapa na bunda*, é exclusivamente voltado a esse assunto, darei aqui apenas algumas pinceladas com base nas perguntas e e-mails mais frequentes que recebo de leitores.

Para algumas pessoas chega a ser um absurdo o fato de que muitos pais não conseguem dizer "não" aos filhos. Chega a ser absurdo o caminho que muitos filhos estão tomando em suas vidas devido à dificuldade dos pais em lhes dar educação adequada. **Muitos pais estão lhes dando, em vez disso, o que chamo de deseducação.** Algo que deveria ser tão simples, um filho respeitar pai e mãe, um filho ter obediência aos pais, hoje se tornou um tema complexo.

Um filho que agride o pai, a mãe, agride as demais autoridades também, como professores e diretores. **Os pais que permitem que seus filhos os agridam estão simplesmente criando futuros pequenos delinquentes sociais.** Parece duro, mas é a realidade. Basta prestarmos atenção aos noticiários para ter uma ideia da quantidade de jovens infratores que desrespeitam a figura de um policial, que se envolvem em brigas, que agridem a namorada etc.

Muitas vezes as primeiras agressões ocorrem quando as crianças ainda são bem pequenas, aos dois ou três anos de idade. É comum que os pais ou demais familiares achem engraçado ver uma criança tão pequena tendo ataques de fúria, xingando os adultos de "feio, chato, bobo". Acontece que a criança de dois, três anos xinga com essas palavras porque são as que ela conhece. Conforme ela for crescendo, outros palavrões conhecerá, e, se não for contida, educada adequadamente, irá xingar seus pais e demais autoridades, sem a menor preocupação.

Os pais precisam repreender e ficar bravos mesmo, deixar bem claro que tal atitude está errada e não será aceita de forma alguma.

Veja bem: ficar bravo não quer dizer agir com estupidez. Basta um olhar mais duro e falar em tom firme que a criança compreenderá que agiu mal. Gritar com a criança, além de ser um ato desnecessário, a deixa confusa. Fale firme com ela, em tom assertivo, e, após a bronca, não a mime nem permita que outras pessoas a mimem. A criança precisa sentir que fez algo errado. Só assim ela poderá ter uma atitude mais adequada na próxima vez.

Lembre-se: existe a agressão física e a verbal. Ambas precisam ser repreendidas pelos pais o mais cedo possível, pois aqueles que não educam seus filhos enquanto ainda são pequenos colherão as consequências quando eles forem grandes.

Tal realidade, com certeza, se deve ao fato de as figuras principais na vida de um filho não se colocarem de forma firme e clara a ele. Quando eu digo figuras principais, quero dizer pai e mãe. Quando não há pai e mãe, então são os adultos que o criam, que cuidam dele no dia a dia. Obediência é algo que os filhos devem aos pais, sim. Infelizmente a nossa sociedade está muito deturpada. Existe a hipocrisia em dizer que "os pais não mandam em seus filhos". Então, em um belo dia os pais se deparam com uma situação problemática dentro de casa e se questionam: "Mas como isso foi acontecer?!". Os pais precisam rever a própria postura e tomar as rédeas para si mesmos. **O adulto precisa ter o controle sobre a situação.** E o filho também precisa que você, adulto, tenha tal controle. Ele precisa de uma mãe firme, forte e segura; que diga a ele sem receio o que pode e o que não pode fazer. Que mostre a ele as consequências de seus atos negativos; e que também o elogie quando ele se comportar de modo positivo.

Para que o problema não piore e o seu filho não se torne um pequeno infrator, ele precisa urgentemente que você saiba que o futuro dele está em suas mãos. É exatamente isso que você leu: a **possível delinquência no futuro do seu filho está em suas mãos.**

O excesso de justificativas que os pais dão aos filhos os torna cada vez mais insistentes e intolerantes. Isso ocorre porque os pais não estabelecem limites com clareza; então **os filhos simplesmente crescem sem saber, pois ninguém ensinou tal valor a eles.** Trata-se de um valor em extinção: o respeito aos pais.

Os pais falham ao entrar em um eterno bate-boca com os filhos. Primeiro: os filhos ficam retrucando pelo simples prazer de retrucar, de se impor, de testar a paciência dos pais, de verificar o limite dos pais e se cumprem o que dizem mesmo durante a discussão, durante a malcriação que eles, filhos, fazem.

Isso porque os pais tendem a impor castigos absurdos quando estão muito nervosos, tais como: "Vou jogar o seu videogame no lixo!" ou "você está proibido de assistir televisão durante o mês todo!" ou "você não vai ganhar nenhum presente de aniversário!". Ora, os pais não vão jogar o videogame no lixo, o filho vai assistir à televisão em algum momento e, é claro, algum presente de aniversário ele vai ganhar. Então, quando os filhos estão respondendo, retrucando a seus pais, eles estão testando o comportamento deles, dos pais. Por isso, é preciso impor um castigo plausível, ou seus filhos perderão o respeito por vocês e terão **evidências reais de que sua palavra não vale nada**.

Como eu digo no meu livro *Tapa na bunda*: "Não tenha medo de castigar o seu filho. No futuro, quem vai sorrir ou chorar será você!".

Quando erramos, temos um preço a pagar, seja de ordem financeira, seja social, ou mesmo sendo presos. Às vezes a punição que recebemos é material; às vezes é moral. O que não pode acontecer de forma alguma é haver alguém que sempre perdoa, que sempre releva e "passa a mão na cabeça", como se o erro não fosse tão grave assim. Os pais precisam entender que quando um filho erra ele tem de ser punido. Isto é, se quiserem viver em uma sociedade mais equilibrada e mais justa. Se não, estarão contribuindo para formar uma sociedade repleta de monstros.

Muitas pessoas acreditam que personagens perversos existem apenas nas novelas, e não na vida real. Aí é que mora o perigo: **pessoas que agem com requintes de crueldade estão em todos os cantos**.

Há, sim, muitas pessoas que têm má índole, que desejam o mal ao outro e que cometem atos horríveis visando apenas o próprio bem. Muita gente não acredita, mas o mundo está repleto de lobos maus" e "rainhas perversas".

Dicas para lidar com as birras do seu filho
É normal criança fazer birra, testar a paciência dos pais e dos demais cuidadores, desafiar etc. Criança saudável faz isso mesmo. A questão é que tudo tem limite na vida. A criança também precisa saber quem dá as ordens, quem manda em casa, quem manda nela, quem tem a palavra final. Ou seja, fazer birra é uma coisa; insistir incansavelmente nela é outra. Aí já é querer competir com os pais por autoridade, poder, hierarquia. Ou seja, pais, coloquem limites!

O ponto principal em que muitos pais pecam é o não cumprimento da própria palavra. Portanto, pai, portanto, mãe: falou, então cumpra. Ameaçou com algum tipo de castigo, então seja capaz de cumpri-lo; ou pense duas vezes antes de estabelecer uma punição se a criança não obedecer.

Pais, entendam: não é não. Não é "sim" nem "talvez". Não é não. E muitas vezes as crianças precisam disso mesmo: ouvir com muita clareza a palavra "não".

As birras das crianças somente tomam proporções gigantescas porque os pais cedem aos filhos em algum momento da situação de estresse, de caos. Por exemplo: se a criança faz uma birra no shopping porque quer um brinquedo e os pais acabam comprando depois de meia hora de escândalo, ela entende que o escândalo vale a pena. No entanto, se os pais a deixarem berrar, chorar, soluçar o passeio todo, na próxima ida ao shopping a criança fará menos birra, pois já terá entendido que, além de não levar a nada, ela ainda fica cansada e perde o cinema, por exemplo.

A questão é os pais conseguirem não ceder ao escândalo de seus filhos. Afinal, muitos deles se tornam em público o que eu chamo de "criança-mutante", parecendo verdadeiros alienígenas com as birras que fazem.

Como fazer meu filho se comportar adequadamente em lugares públicos?
Parto do princípio de que os combinados são nossos grandes aliados. Em qualquer relação existe um combinado: no trabalho, no casamento, na amizade... tudo funciona à base de combinados. Com os filhos não há por que ser diferente.

Então, se o seu filho está acostumado a fazer escândalos no supermercado, por exemplo, cabe fazer um combinado urgente com ele, como: "Se você não se comportar bem hoje no supermercado, não levarei você da próxima vez". E pode esperar: provavelmente ele irá se comportar mal, até para testar se você cumprirá a sua palavra. Pois então, na próxima ida ao supermercado, não o leve. Assim, ele pensará duas vezes quando você disser a mesma coisa.

Outra opção seria dizer: "Com toda essa malcriação, você não está merecendo que eu compre essa guloseima que está querendo". E não compre. Coloque-a de volta na prateleira. Você vai me dizer que o escândalo piora nessa hora. Ok, concordo. Piora mesmo, pois seu filho está testando você. Se você ceder, ele aprenderá que a fórmula para conseguir qualquer coisa com você é o grito, a malcriação em público. Então, esteja preparada para uma piora breve, mas, com certeza, se você for firme na sua palavra, logo, logo o seu filho vai parar com os ataques impetuosos, pois vai aprender que, além de não ganhar o que quer, ainda perde algo, como o passeio que seria agradável, um sorvete etc.

Isso pode ser aplicado a qualquer ambiente em público, mas é preciso ter um cuidado especial com restaurantes e similares. Atualmente a maioria das pizzarias, churrascarias e lanchonetes oferece um espaço voltado ao lazer das crianças, o que é uma excelente ideia – primeiro porque, para uma criança, é muito chato ficar sentado a uma mesa ouvindo conversa de adulto sem ter o que fazer. E, segundo, ninguém merece sair para jantar e ter que aguentar o filho de outra pessoa correndo em volta da sua mesa e esbarrando no seu braço o tempo todo. Portanto, ao sair para comer escolha locais que ofereçam algum atrativo para as crianças, ou esteja munido de alguns objetos úteis, como videogames portáteis, gibis novos, revistas para colorir, jogos com que se possa brincar na mesa do restaurante etc.

"Meu filho não desgruda." Tem criança que não aceita nem o colo do pai e só quer saber de ir com a mãe para todos os lugares. Como evitar esse comportamento?

Arrá! Aqui está uma situação muito comum entre pais e filhos e, geralmente, a culpa é de quem permite o grude em excesso, ou seja, no caso da pergunta aqui, a mãe.

Muitas mães não percebem, mas estimulam seus filhos a crescer com medo de perdê-las. Medo de perder os pais, todos nós temos, pois trata-se de algo que um dia irá acontecer. Mas há crianças que são tomadas por um verdadeiro pânico e apresentam comportamentos inadequados quando se despedem de suas mães no portão da escola, por exemplo. Manifestam um choro devastador, com gritos de pânico. Alguns ficam incontroláveis e só se acalmam perante o reencontro com a mãe. Ou seja, tornaram-se dependentes. E, como qualquer dependência, essa também é uma situação doentia.

Muitas mães não permitem que seus filhos fiquem no colo de outra pessoa nem por cinco minutos. Há mães que até ao tomar banho ou fazer suas necessidades levam os filhos consigo – na verdade, essas mães não se dão conta do que ocorre em seu inconsciente: o fato de que o pânico é delas. Pânico de perder o filho, de ser trocada por outra pessoa, de pensar na possibilidade de o filho preferir a companhia de outro cuidador à dela... São mães que têm medo até de abrir os olhos e ver que seus filhos estão perfeitamente felizes brincando no parquinho do condomínio ou se divertindo bastante na sala de aula.

Muitas vezes, situações como demora na concepção, uma gestação frágil ou de risco, um filho muito esperado ou diversas tentativas de fertilização geram insegurança nas mães. Receio de perder o próprio filho.

Porém, as mães precisam estar cientes de que, se elas não permitem que seus filhos se acostumem com outras pessoas, elas não estarão contribuindo com o equilíbrio emocional dos pequenos, afinal, é impossível manter o grude intacto para sempre. E, quanto mais tarde ocorrer a adaptação a outros "colos", mais difícil será, afinal, a insegurança da mãe já terá sido passada à criança, que se sentirá totalmente perdida sem a presença da mãe.

Mães criam os filhos para elas e pensam que eles são somente delas. E não são. Os filhos também são dos pais. E dos avós, tios, irmãos... Eles também têm uma função e querem ter contato com as crianças. Mais tarde, quando os filhos crescem, na verdade, eles são do mundo. Da vida!

E que lindo é ver um filho voando pelo mundo, sendo capaz de fazer as manobras necessárias durante as tempestades.

Mas só voa o filho que sai da gaiola. Caso contrário, ele cresce preso, e um dia morre com as asas atrofiadas. Morre sufocado, pois não é só o corpo que sufoca, que atrofia. A alma também. E esse é o pior sufocamento de todos.

Dicas para punir os filhos menores
• Seja coerente: não dê uma punição severa para um erro bobo.
• Não espere que seu filho de dois anos compreenda com profundidade quando você filosofa. Portanto, use linguagem clara e objetiva.
• Não dê castigos extremos, como: "Vai ficar sem TV/ videogame durante um mês", pois você não irá cumprir a palavra e perderá o respeito.
• Nunca se esqueça de dizer ao seu filho o motivo pelo qual ele está recebendo um castigo.
• E... fique um pouco "de mal" com seu filho, pois assim ele perceberá melhor que o que fez não foi bacana.

Pense com o cérebro e responda com o coração
Quando você dá as ordens em casa, geralmente elas são cumpridas?
Você tem dificuldade em se impor com equilíbrio aos seus filhos? E com o seu cônjuge? E com a empregada, a babá e os funcionários da empresa?
Você tem dificuldade em se colocar como autoridade ou o faz tranquilamente? Você sabe bem o lugar que ocupa e age de acordo ou você boicota a própria importância?
Em casa há muitos gritos e escândalos desnecessários? Quem grita mais?

Os castigos que você impõe são cumpridos ou você volta atrás? O seu filho respeita você? E o seu cônjuge, respeita você ou o desautoriza?

E você, respeita a palavra do seu cônjuge? Você permite que ele também eduque o filho de vocês?

O quadro de hierarquia na sua casa lhe agrada ou desagrada?

Afinal, quem manda em casa: um adulto ou uma criança?

Escreva aqui as suas observações:
_____
_____
_____
_____
_____
_____
_____
_____

CASAL: EM QUE MEDIDA VOCÊS VIVEM UM "FELIZES PARA SEMPRE"?

É só o amor, é só o amor
Que conhece o que é verdade
O amor é bom, não quer o mal
Não sente inveja ou se envaidece

Monte Castelo
Legião Urbana

Separação dos pais. Como o próprio tema já diz, é um assunto dos pais. Uma confusão dos pais, um desentendimento dos pais, um acontecimento entre os pais, uma decisão dos pais também. É impossível um casal não brigar nunca na frente dos filhos, mas é possível que as brigas sejam moderadas, controladas, tanto no que se refere ao teor do que é dito, quanto à temperatura das emoções. Uma criança que presencia situações de muito estresse entre os pais, muitas brigas, falta de respeito e situações em que um dos progenitores entra em constantes crises de choro não vai ficar em paz nem consigo mesma. Mesmo sabendo que a culpa não é dele, que ele não tem nada a ver com isso, o filho sempre vai se sentir responsável por piorar a situação ou causar mais incômodo e desgosto a seus pais.

Quanto a dar a notícia aos filhos, uma coisa é certa: os pais devem anunciar a novidade apenas se tiverem certeza absoluta de que vão se separar. Caso contrário, não digam nada, pois seria a mesma coisa que dizer que a casa vai cair, sendo que não vai. É muita tortura contar isso ao filho sem ter certeza. Mas, decisão tomada, que os pais contem de forma simples, sem muitos rodeios, como por exemplo: "Então... você tem visto que a gente está brigando muito. Por isso conversamos e resolvemos nos separar". Prepare-se para lidar com as prováveis indagações dos filhos, possíveis ataques de choro e talvez de agressividade também. No entanto, não diga: "Não é culpa sua". Essa frase, além de não funcionar, desperta na mente da criança uma culpa em que até então ela nem havia pensado. **E é óbvio que não é culpa do filho, e sim dos pais.**

Não tem jeito: a notícia não é fácil, o final não é feliz no primeiro momento, mas, se pai e mãe se mantiverem em harmonia, respeito e equilíbrio, aos poucos o filho irá perceber a vantagem da separação no caso de seus pais.

Os pais nunca devem envolver os filhos no processo de separação. Primeiro, não deveriam brigar na frente deles, pois, além de ser uma situação sempre muito desagradável e alheia às crianças, elas se sentem pressionadas a tomar partido, o que é sempre muito complicado, pois ir contra o pai ou a mãe é ir contra 50% da própria origem. É muito pesado.

A pior atitude que vocês podem ter é discordar um do outro na frente das crianças. Se o pai colocou o filho de castigo enquanto a mãe estava fazendo compras, e esta, ao chegar em casa, resolve tirar o filho do castigo, está cometendo um grave erro. O que o pai combinou com o filho é problema deles. A mãe nem estava presente quando aconteceu a situação. Caso um não concorde com a atitude do outro, conversem a sós em algum momento em que os filhos não estejam ouvindo. O que eu os oriento a fazer é: já que ambos estão com dificuldade em ceder às opiniões do outro e em tentar dar razão ao companheiro em certas situações, estipulem quem será o responsável pelas crianças em cada situação. Por exemplo: na casa dos avós maternos, fica a mãe como responsável. Na casa dos avós paternos, o pai. Um não pode se intrometer nas decisões do outro. Deixe que quem está cuidando dos filhos se vire com as situações. O outro ficará apenas observando. Quem sabe assim, com o tempo, o casal comece a compreender melhor a visão um do outro e a aceitar mais as sugestões que surgirem.

Com filhos pequenos geralmente existe uma briga pela guarda, que muitas vezes não prioriza o que é melhor para os filhos, mas, sim, "quem tem mais poder na relação", qual dos dois no casal separado vai dizer "eu venci, eu tenho mais poder". As crianças devem ser poupadas de decidir algo relacionado à guarda, pois optar por um dos pais significa excluir o outro, o que gera sentimento de culpa e muita dor.

É muito comum que os filhos sintam que causaram a separação de seus pais em uma determinada briga ou malcriação. Quanto mais os pais brigarem na frente dos filhos, mais isso será reforçado. Portanto, repito: os casais se separam sempre devido aos problemas deles mesmos, portanto, não discutam na frente de seus filhos. Eles são apenas crianças e ficarão mais confusos ainda.

Aos casais que mantêm um casamento "para o bem dos filhos", saibam que o melhor exemplo que vocês podem dar a eles é viver em harmonia, juntos ou não.

Todos os filhos desejam, inconscientemente, que seus pais vivam juntos e felizes para sempre. Mesmo que eles não vivam em harmonia, não sejam companheiros, não se apoiem, não se respeitem, os filhos sempre têm o desejo de que o quadro dentro de casa um dia se transforme no ideal que deve ser a vida em casal. No entanto, o ideal é muito bonito, mas nem sempre é possível, não é mesmo?

As crianças apresentam comportamento bem distinto quando vivenciam a situação da separação dos pais. Algumas ficam "apenas" mais sensíveis, mais carentes, por sentir falta de um dos dois, geralmente do pai, visto que em nossa sociedade a maioria dos filhos de casais separados mora com a mãe.

O caos provocado pelo pai e pela mãe é uma questão somente deles, e as crianças não devem ser colocadas em uma encruzilhada. Nem o pai nem a mãe devem usar o filho como arma para se vingar do outro ou para fazer intrigas. Quem mais sofre com isso é a própria criança.

Na novela *Salve Jorge*, exibida entre 2012 e 2013 no horário nobre da Rede Globo, havia um personagem muito significativo agindo de modo prejudicial com a própria filha. Celso, interpretado pelo ator Caco Ciocler, parecia não se dar conta do mal que fazia ao tentar colocar a sua filha Raissa, interpretada pela atriz Kiria Malheiros, contra a mãe, Antônia, representada por Letícia Spiller. Isso se chama alienação parental.

Infelizmente, esse tipo de situação é muito comum na vida real, principalmente durante uma separação, ainda mais quando há "turbulência", como retrata a própria novela.

Os pais que agem de tal modo não fazem ideia do mal que causam a seus filhos, pois, quando eles conseguem de fato tornar os filhos inimigos dos próprios pais, é aberta uma ferida gigantesca na alma dessa criança. **Isso porque é impossível crescer feliz, tornar-se um adulto de bem com a** vida, equilibrado afetivamente, estando "de mal" de um de seus pais. É como negar a própria natureza, a própria existência. E a situação fica complicada para todos os lados. A filha que cresce crendo que seu pai não é uma pessoa adequada terá automaticamente muitas dificuldades em se relacionar com um parceiro adequado na vida adulta. E, se essa menina cresce pensando o mesmo sobre sua mãe, isso fará com que ela tenha muitas dificuldades com... ela mesma. Pois o pai é o exemplo de homem que ela buscará, e a mãe, o exemplo de mulher que ela será. O mesmo processo ocorre inversamente no caso de um menino.

É claro que para toda regra existem exceções, mas... são apenas exceções. Na grande maioria dos casos isso se torna um caos maior. Como eu costumo dizer no consultório: "É o caos do mundo adulto que afeta o emocional do mundo infantil ainda em formação e que, lá na frente, anos depois, irá aparecer na vida adulta do indivíduo". É por isso que muitas pessoas se queixam de que todo terapeuta pergunta muito sobre a infância, sobre o pai, a mãe. Claro! Não há como escapar: boa parte do que somos é herança de nossos pais. Não apenas no aspecto biológico, mas no afetivo e no comportamental também.

O que pode ser visto na prática clínica é que, geralmente, quem comete o erro de jogar a criança contra o outro genitor é o que de fato carrega uma culpa com justa causa, pois sabe o que fez durante todo o processo. E, por culpa, por ser incapaz de reconhecer o fracasso que causou na vida de sua família, tenta colocar o filho contra o outro adulto, o que gera um sofrimento muito grande para a criança, pois ela fica numa encruzilhada, e, de uma forma ou de outra, acaba se colocando contra um dos pais. Mesmo que ela não atenda ao pedido de um, isso faz com que ela se coloque diretamente contra o outro. Ou seja, para a criança não há muita saída em uma situação dessas: ela sofre. Triste fato.

Um dos fatores que mais contribuem para que a criança desenvolva um comportamento agressivo (podendo até mesmo afetar o seu rendimento escolar) é quando ela escuta alguém falar mal de seu pai ou de sua mãe. E este é um dos males mais comuns e mais graves que ocorrem no dia a dia: um filho ouvir coisas negativas sobre o seu pai ou sobre a sua mãe. Mesmo que o pai ou a mãe tenha feito algo inadequado ou se comporte de modo inadequado, isso não deve ser dito, ainda mais com raiva, com histeria, na frente dos filhos. Independente do que tenha acontecido entre o casal, é muito difícil para a criança ouvir coisas ruins sobre alguém que é metade da sua origem biológica, da sua origem de vida.

A separação do casal é problema do casal; portanto, nada de ficar filosofando em demasia com os filhos sobre os motivos da separação ou ficar pedindo a opinião deles sobre o assunto. O diálogo deve ser singelo, para que a criança não se sinta pressionada ou culpada por algo. O mesmo deve ser feito quando os pais se envolvem em novos relacionamentos.

Como terapeuta, costumo dizer a alguns casais no meu consultório: "Vocês fazem a sujeira de vocês e não são adultos para limpar o que fizeram; agora ficam colocando meleca na vida dos seus filhos, que não têm nada a ver com as escolhas de vocês. Tapa na bunda é pouco!".

É uma triste realidade. Haja terapia familiar e haja humildade para reconhecer e transformar tudo que é necessário para conseguir resgatar a paz, mesmo que separados.

É necessário olhar para si mesmo e conseguir enxergar o que é seu e o que é do seu parceiro. Ser capaz de assumir a sua parcela de culpa e saber em que o parceiro de fato errou. Se os sentimentos de raiva, vingança, revolta estão muito aflorados, é preferível que o adulto se afaste um pouco da criança a fazê-la presenciar ataques de fúria e surtos descontrolados.

Muitos pais fazem comentários desnecessários, como: "Tinha que ser o seu pai, né?!"; "Eu sabia que a sua mãe iria implicar à toa"; "Não dá pra contar mesmo com o seu pai"; "Incrível como sua mãe é sistemática", e diversas outras situações cotidianas em que, por exemplo, o pai liga querendo falar com o filho e a mãe passa o telefone para a criança, mas fica suspirando e fazendo caras e bocas. O mesmo quando o ex-parceiro começa um novo relacionamento.

Quando um pai ou uma mãe não dá permissão verdadeira para que os filhos amem o seu ex-cônjuge, fica muito pesado carregar o fardo.

Se o diálogo não resolver e se for comprovado que de fato o ex-cônjuge está causando intrigas e confusões na cabeça da criança, o afastamento é inevitável. O mesmo pode ser verificado se a criança volta constantemente mais agressiva da casa do pai ou da mãe. E quando trata mal o novo relacionamento também.

Os filhos não são bobos nem cegos. Eles sabem muito bem quem tem mais razão e quem causou mais dano à família. No entanto, pedir a uma criança que escolha um dos pais é muito injusto, pois, como foi dito anteriormente, isso a obriga a se colocar contra uma das duas pessoas mais importantes da sua vida. Ou seja, os adultos que arrumem a própria bagunça e que tenham bom senso para decidir qual ambiente é mais adequado para a moradia do filho e quem terá mais tempo, tato, paciência para cuidar do pequeno também. Se os adultos estão enfurecidos, eles devem saber que precisam exercer o autocontrole para que não sejam exacerbados com seus filhos.

Pense com o cérebro e responda com o coração
Você e seu cônjuge vivem bem?
Vocês têm tempo (e desejo) de ficar juntos no quarto?
Vocês organizam na agenda um horário somente para vocês dois (jantar fora, ir ao cinema, dormir fora, deixar o filho com os avós ou com uma babá etc.)?
E uma viagem de fim de semana ou feriado prolongado sem os filhos? Há quanto tempo não fazem isso?
Vocês ainda se olham como homem e mulher ou apenas como pais?
Você tem vontade de se separar ou está feliz?
Se sim, por que não se separa? Por causa dos filhos?
Você vê no seu cônjuge uma boa pessoa para viver ao seu lado durante a velhice?
Vocês cuidam um do outro ou olham somente para a criança?
Aliás, o seu cônjuge cuida bem do seu filho ou sobra tudo para você?
Do que você mais gosta no seu cônjuge? E do que menos gosta?
E você, é uma boa companhia?

Escreva aqui as suas observações:

_____
_____
_____
_____
_____
_____
_____

SONO: O QUE VOCÊ QUER, UM SONHO OU UM PESADELO?

Sou meu próprio líder: ando em círculos
Me equilibro entre dias e noites

A montanha mágica
Legião Urbana

Xiii... agora vamos a um assunto que mexe com a intimidade dos casais – e, na maioria das vezes, causa distanciamento entre os parceiros. Quando o assunto é sono, dormir, quarto, cama, não tem jeito, sou bem direta: cada um no seu quadrado! O filho que dorme entre o papai e a mamãe está atrapalhando a vida íntima deles. Na maioria das vezes, isso é cômodo para um dos parceiros, ou seja, para aquele que não quer ter relações sexuais, afinal, como fica a situação íntima do casal?

Todo casal que está bem, que quer namorar, dá um jeitinho de fazer os filhos dormirem nas próprias camas, nos próprios quartos.

Muitos pais têm uma enorme dificuldade em deixar seus filhos dormirem em seus quartos sozinhos, por causa de sua própria insegurança ou de questões mal resolvidas entre o casal, situação muito comum, o que leva o filho a ser o bode expiatório de um problema conjugal.

As crianças são plenamente capacitadas a dormir sozinhas em seus quartos, desde que estimuladas desde cedo a isso.

Os pais podem combinar com os filhos algo do tipo: "Assim que você adormecer eu vou voltar para o meu quarto". E assim seja, para que a criança se acostume aos poucos com a presença do cuidador ao seu lado.

"Ah, mas e os pesadelos da minha filha?" Bem, ela pode mesmo estar tendo pesadelos ou pode estar interiorizando um problema do papai e da mamãe e desenvolvendo, inconscientemente, um transtorno de comportamento noturno e, com isso, seu estado emocional não fica em paz, transparecendo durante o sono.

Quanto a isso, a orientação é bem simples: um dos genitores deve levar a criança de volta para a sua cama e, se for necessário, ficar um pouco em um colchão ao lado da cama dela até que adormeça novamente. É necessário fazer com que ela entenda que o lugar certo para dormir é o próprio quarto. Os pais podem incentivá-la comprando uma colcha nova, uma almofada bonita, colar adesivos na parede etc. Ela precisa se sentir bem no próprio quarto.

E, por favor, sejam realistas: **os casais que fazem seus filhos dormirem sozinhos, além de contribuir para o melhor desenvolvimento afetivo dos pequenos, contribuem também para o melhor desenvolvimento da vida a dois!**

Além do foco abordado até agora, cabe aqui uma orientação sobre dormir fora de casa, já que muitas crianças pedem enlouquecidamente a seus pais que as deixem dormir na casa do primo, do vizinho ou do coleguinha de escola. Já outras, quando são convidadas a dormir fora, sentem-se enlouquecidamente inseguras.

Dormir fora traz muitas vantagens, tanto ao filho quanto aos pais. Aos pais, porque podem namorar um pouco mais à vontade e descansar também. Além disso, exercitar a confiança em outros adultos em relação a cuidar dos próprios filhos é muito bom, afinal, como eu costumo dizer, os pais são os "donos" dos filhos, os responsáveis principais por eles, mas os filhos, na verdade, são do mundo, pois crescem e batem as asas. Pais, se o seu filho já possui certa autonomia (questões relacionadas a alimentação, higiene, controle dos esfíncteres, por exemplo), incentivem-no a dormir na casa de amiguinhos. Isso o tornará mais seguro e autoconfiante.

Dicas de brincadeiras para uma noite do pijama com os amiguinhos

- Você pode incrementar o traje, dizendo no convitinho: "Noite do pijama e da pantufa!".
- Alugar uns três DVDs que a criançada escolher e deixar que assistam com os colchões jogados no chão da sala ou do quarto.
- Brincar de adivinhar os sons fora de casa.
- Gato, mia: é o mesmo que cabra-cega, só que no escuro. Todos se escondem no quarto e o pegador tem de procurar os "gatinhos". Quando encontra alguém, diz: "Gato, mia". A criança que foi pega "mia" e o pegador tem de adivinhar quem é. Se acertar, o jogador pego torna-se o pegador. Se errar, o jogo recomeça com o mesmo pegador.
- Brincar com lanternas dentro do quarto ou no jardim (desde que com supervisão de um adulto), além de espantar medos bobos, pode ser muito divertido!
- Atualmente até os chinelos possuem tons de neon. Usar objetos que brilham no escuro pode deixar a noite do pijama mais original também!

Criança precisa dormir. E dormir bem. Se até nós, adultos, ficamos meio emburrados quando não dormimos bem, imagine as crianças! No mínimo nove horas por noite, para que o corpo e a mente descansem bem para o dia seguinte. São muitos estímulos, muitas atividades, portanto, é preciso descansar bem.

Dicas práticas para o sono das crianças em casa
- Alimentação mais leve no fim do dia.
- Menos luz de televisão e computador, ou seja, evitar aparelhos eletrônicos até mais tarde. Muitas vezes tais estímulos despertam mais ainda as crianças.
- Verificar a temperatura ambiente do quarto; em algumas cidades é necessário que haja um aparelho de ar-condicionado ou um umidificador de ambiente.
- O corpo suado não descansa tão bem; é muito mais gostoso estar com a pele limpinha e cheirosa, com um pijama limpo, para dormir melhor. Um bom banho depois das atividades mais intensas, além de higiênico, sempre cai muito bem.
- Importante: não deixe para verificar se seu filho já fez a lição de casa bem no momento de ir para a cama. O mesmo vale para arrumar a lancheira e a mochila. Essas atividades rotineiras obrigatórias, que envolvem responsabilidades, devem ser realizadas quando a criança chega da escola, ou após descansar um pouco. Obrigações deixadas para perto da hora de dormir estressam mais a criança.
- Cuidado com o conteúdo televisivo que você permite que o seu filho assista. Alguns programas, além de inadequados para as crianças, deixam-nas mais elétricas ainda.
- Entre 20h e 21h você já pode preparar o seu filho para ir para a cama.

• Calcule as horas de sono que o seu filho terá. Se ele acorda às 6h para ir para a escola, lá pelas 21h ele já deverá estar dormindo. Quanto mais nova a criança, mais ela vai dormir.

• É importante que o quarto do seu filho seja um espaço aconchegante, com a cor de que ele gosta, um travesseiro adequado e lençóis macios. Verifique se o quarto do seu filho tem "a cara dele".

• Aproveite o momento de levar seu filho para a cama para se deitar um pouco ao seu lado, fazer um cafuné, ler uma historinha, cantar musiquinhas da sua época de infância ou até contar histórias de quando você era criança. Tenho certeza de que seu filho vai adorar e a relação de vocês vai ficar ainda melhor! Palavra de terapeuta!

• Mantenha seu filho longe de estímulos fortes visuais e sonoros, ou seja, nada de jogos eletrônicos (videogames, computador, tablet, celular) nem de filmes ou desenhos animados muito agitados.

• Perto do horário de ir dormir, não dá mais para fazer a lição de casa, então, eduque o seu filho para que ele se organize durante o dia para cumprir sua obrigação.

• Uma alimentação leve é fundamental: evite frituras, bebidas à base de cola e muito açúcar.

• Veja como está a temperatura do quarto, para que a criança não acorde no meio da madrugada com calor ou com frio.

• Vista-o sempre com um pijama limpinho e macio, pois sentir-se confortável também deixa mais relaxado.

• Quando seu filho ficar sozinho na própria cama, em seu próprio quarto, certifique-se de que ninguém estará fazendo muito barulho pela casa, para que isso não atrapalhe o sono do seu pimpolho.

Já pensou em redecorar o quarto do seu filho? De preferência junto com ele, ou pelo menos considerando alguma opinião dele, como a cor da parede, se ele quer motivos de animais da floresta, de astronauta ou de time de futebol, por exemplo. E nem é preciso gastar muito: uma parede pintada de cor diferente e um edredom novo já mudam a cara do quarto. Mudar os móveis de lugar também ajuda a renovar o ambiente. Não é tão difícil, é? Boa sorte! E bom sono, sempre.

Com foco nas dicas anteriores, pense com o cérebro e escreva com o coração as suas observações: em que medida você cumpre, ou não, os itens anteriormente sugeridos?

_____
_____
_____
_____
_____
_____
_____

ALIMENTAÇÃO: SERÁ QUE VOCÊ CUIDA BEM DO SEU FILHO?

Quando tudo está perdido
Sempre existe um caminho
Quando tudo está perdido
Sempre existe uma luz

A Via Láctea
Legião Urbana

Alimentação saudável é um hábito que começa em casa e que vai além de um simples "o que eu como". Alimentar-se bem envolve também a questão "como eu como o que como". Todos os pais pregam alimentação saudável, mas poucos seguem, a começar por si mesmos. Na correria, no estresse cotidiano do trânsito, todos nós temos a péssima mania de "engolir" a refeição. Mas não há escapatória: temos de nos organizar e fazer as refeições adequadamente, tanto em relação ao tempo quanto ao que se refere à quantidade de alimento, bem como – e principalmente – atentar para o que se põe no prato, ou seja, para a qualidade do que se come.

Se os pais não se alimentam adequadamente, fica quase impossível conseguir que os filhos comam bem. O primeiro ponto, então, é fazer uma real reflexão sobre o que você, como mãe, como pai, coloca no próprio prato. O segundo ponto é ser bem sensato no que se refere aos alimentos: todos sabem que é necessário comer frutas, verduras e legumes. Não há como fugir disso. Aliás, em um dia de calor, é muito gostoso comer uma manga geladinha ou um pote de salada de frutas! Aos que hoje podem subir em árvore, subam! Fruta direto da fonte é tudo de bom, tem outro sabor! Infelizmente, hoje em dia não se veem mais tantas árvores para subir, tampouco tantas crianças querendo subir em árvores. Subir em pé de manga, arrancar uma fruta, descascá-la e lambuzar todo o rosto dá à manga um sabor especial. Chupar jabuticaba direto do pé também! Descascar laranja, fazer um suco e tomá-lo com umas pedrinhas de gelo, hum... no calor é uma delícia! Pé de amora é uma delícia. Alguns ficam enormes! As mãos e os lábios sempre ficam roxos, mas nada que o chuveiro não resolva! Até limonada, feita com limão colhido com as próprias mãos, tem um gostinho azedo mais adocicado. Recomendo a todos os pais que achem um espaço no quintal de casa para plantar alguma árvore frutífera. Os que moram em condomínio podem sugerir isso ao síndico. Tenho certeza de que todos vão gostar, afinal, o colorido das frutas sempre dá um toque especial ao nosso dia a dia!

Até nós, adultos, muitas vezes almoçamos às pressas, passando por algum *drive thru* e engolindo a refeição em cinco minutos, igualzinho aos personagens de desenhos animados, que só dão uma abocanhada na comida! Para ter uma boa refeição é preciso primeiro ter tempo para fazer o próprio prato com calma, até para não pegar comida em excesso, e tempo para mastigá-la adequadamente, para que os alimentos não "pesem" no estômago mais tarde.

Pense que você tem 24 horas para organizar as suas refeições.

Pare um pouco e observe o que você escolhe para alimentar o seu organismo. Se o seu filho repele qualquer comida mais natural, introduza, aos poucos, as frutas no dia a dia dele. Tenha sempre umas três ou quatro opções em casa para que ele escolha uma pela manhã e outra no período da tarde. O mesmo se aplica às verduras na hora do almoço: apresente variedade de folhas e legumes. Tornar-se fã dos desenhos animados pode ajudar um pouco – na década de 80, por exemplo, os pais incentivavam os filhos a comer espinafre dizendo que eles ficariam fortes como o marinheiro Popeye. E funcionava! Hoje há muitos desenhos animados que incentivam a não comer frutas e saladas. Mas tente acompanhar os programas televisivos de que o seu filho mais gosta e use os personagens mais saudáveis a seu favor na hora da alimentação. Exemplo: "Xiiiii... comendo assim você não vai conseguir correr como o..."; ou "Arrá! Agora sim você vai ficar forte e veloz como o... Parabéns!".

Evite biscoitos recheados, alimentos muito condimentados, açúcar refinado e frituras. Infelizmente, a maioria dos alimentos industrializados, se consumidos em excesso e por tempo prolongado, podem nos fazer muito mal, por causa do excesso de corantes e conservantes, entre outras coisas. Vamos comer com responsabilidade! O nosso corpo merece, afinal, é ele quem aguenta a nossa mente e o nosso coração!

Certa vez, uma leitora de uma das revistas de que sou colunista escreveu dizendo que seu filho sofria bullying na escola por ser gordinho; ela disse que as outras crianças estavam dando a ele apelidos pejorativos.

O frequente uso do termo "bullying", em minha opinião, veio para complicar algo que sempre foi simples: criança implica com criança. **Criança pega uma característica de destaque na outra e passa a perturbá-la com mil apelidos e brincadeiras sem graça.** Seja magrelo demais, seja gordo, seja muito negro, seja muito branco; se usa aparelho, se é meio carequinha, se a meia está furada, se tem um dente torto... Criança pega no pé com qualquer criança. Então, por favor, nada de muito drama por causa disso. Se o seu filho é gordinho, ele irá passar por provocações dos colegas por causa disso. No seu lugar, eu ficaria mais preocupada com a questão da saúde dele. Veja bem, eu sei que a chance de que o seu filho seja obeso é muito grande. Pode ser que você diga "gordinho" para amenizar a situação, mas é muito provável que ele já seja obeso, ou nem estaria passando pela atual situação na escola.

Olhe bem para o seu filho, observe com atenção os seus hábitos alimentares e atividades físicas, anote o que ele come o dia inteiro, compare o peso dele com o da maioria das crianças da mesma faixa etária e seja honesta consigo mesma: o seu filho é obeso? Por que ele tem sofrido na escola? As outras crianças estão sendo coerentes? **Talvez isso tudo esteja servindo para que você olhe mais atentamente ao que está acontecendo com o seu menino e passe a cuidar mais da saúde dele.**

Não é preconceito, é fato: geralmente pessoas gordas sofrem mais. Tanto na questão da saúde orgânica, quanto no que se refere à saúde emocional e psicológica. Além disso, é muito provável que o seu filho não consiga executar certos movimentos corporais, como sentar no chão com as pernas cruzadas e correr com a velocidade e desenvoltura adequadas a sua idade.

Sugiro que você tenha uma conversa honesta com a professora e a coordenadora do seu filho e que procure já um endocrinologista e um nutricionista para avaliá-lo e orientar você. Existem até grupos de "Vigilantes do peso" direcionados a crianças.

Além disso, **avalie se você está contribuindo para o bem ou para o mal na vida do seu filho** no quesito alimentação, afinal, obesidade é uma doença que as pessoas adquirem ao longo dos anos como consequência de maus hábitos instalados. Muitas vezes ocorre paralelamente algum problema emocional, familiar, portanto, buscar ajuda psicológica para você e seu filho pode ser necessário também.

A hora da refeição é um momento sagrado da família. É um momento de divisão do mesmo espaço, com o mesmo objetivo a todos, portanto, deve ser realizado em paz, sem caos. No entanto, em muitas lares isso é um problemão. A cena é sempre a mesma: a criança não quer comer nada, ou não gosta de um determinado alimento, geralmente verduras e legumes. Os pais começam então uma luta infindável para que a criança coma. Algumas vomitam, outras berram, fazem a maior bagunça na mesa, derrubam tudo etc. Eu sempre digo aos pais o seguinte: não tornem o momento da refeição algo desagradável. É claro que, se os filhos não quiserem comer, os pais precisam e devem insistir um pouco, ter jogo de cintura, tentar o "aviãozinho", tentar o "vamos comer o montinho da vovó, agora do vovô, da dinda etc.", falar que os brócolis são arvorezinhas, tentar deixar o prato da criança mais colorido. A minha orientação principal aos pais, porém, é: se a criança não quiser comer de jeito nenhum, guarde o prato no micro--ondas e ponto final. É claro que ela não poderá comer nada à tarde: nem biscoito, nem iogurte, nem pão de queijo, nada. Nem encher a barriga com suco ou refrigerante. Tenha certeza de que à noite ou no final da tarde ele sentirá algo orgânico chamado FOME, e daí, você, mãe, você, pai, pega o prato do almoço, esquenta no micro-ondas e... o seu filho vai comer. Caso a pirraça seja tanta que ainda assim ele não coma, saiba que passar um dia sem se alimentar não mata ninguém (pode consultar qualquer pediatra sobre isso), mas no dia seguinte, com certeza, ele irá comer, e o melhor de tudo: na próxima vez que ele pensar em fazer birra na hora do almoço, vai se lembrar da consequência e vai comer muito melhor. Não tenha receio. E não se sinta um bicho-papão por isso, ao contrário: mantenha essa postura firme, pois a finalidade é a reeducação alimentar do seu filho, para o bem dele.

Todos nós sabemos que é importante manter o equilíbrio sobre o que ingerimos: carboidratos, grãos, proteína e as verduras, que, como já se sabe, cruas são mais nutritivas do que cozidas. Assim como as frutas; mãe, pai, não tirem a casca da maçã ou da pera! Não é necessário! Nossos dentes servem para morder mesmo, tanto cascas quanto carnes. Se não fosse assim, não haveria por que ter dentes, então, permita que seus filhos mordam!

Claro que um belo *milk-shake*, brigadeiro, um sanduíche de fast-food com batata frita, tudo isso é muito gostoso, desde que não seja em exagero. Como sabemos o que é exagero? Muito simples: se o "de vez em quando" passou para "quase todos os dias", então virou exagero.

Uma nutricionista é a profissional ideal para orientar você em relação aos hábitos e ao cardápio do dia a dia.

Porcaria é bom, sim, ninguém resiste. Nem adulto, sejamos francos. Mas no dia a dia criança (e adulto) precisa se alimentar adequadamente. Falando de modo mais claro, levando em conta a nossa cultura: arroz, feijão, leite, verduras cruas (e cozidas), frutas e daí, sim, a sobremesa. Seja persistente, faça "um aviãozinho" e mande uma alimentação saudável para dentro do seu filho!

"Meu lanchinho, meu lanchinho..."

Dicas para arrumar a lancheira do seu filho

O que colocar na lancheira?

Pensando na saúde dos pequenos e na praticidade para os pais, aqui vão algumas dicas práticas e gostosas para tornar o lanchinho que seu filho leva para a escola mais saudável e menos industrializado.

- Varie o cardápio da lancheira do seu pimpolho; ninguém gosta de comer a mesma coisa todos os dias. Mande sempre um potinho com frutas. Sugestões: uva, mexerica, morango, acerola, banana, maçã e pera picadas.
- Dê preferência ao suco natural em vez de refrigerante. Evite os sucos de caixinha que não são orgânicos. Cuidado com o excesso de corantes!
- Quanto aos bolinhos: fazer um bolo em casa não dá muito trabalho, é gostoso e tem um "sabor de mãe".
- Quanto aos sanduichinhos, procure escolher os pães que contêm grãos. São gostosos e ainda ajudam no funcionamento do intestino do pequeno!
- Como sobremesa, você pode alternar entre gelatina, um chocolatinho ou goiabada com queijo.
- Pronto! Quer mais do que isso? Capriche para que ele coma tudo "pra ficar fortinho e crescer!".

Pense com o cérebro e responda com o coração

Você diversifica a alimentação do seu filho?
Persiste no dia a dia para que ele enriqueça cada vez mais o próprio cardápio?
Você deixa que ele mesmo escolha o que vai comer ou você impõe alguns alimentos?
Na sua casa há apenas um menu por dia, ou dois, sendo um para você e seu cônjuge e o outro para o seu filho?
Seu filho tem livre acesso ao armário das guloseimas?
O lanche no meio do dia é saudável ou é sempre à base de porcaria?
Vocês vão com frequência a alguma rede de *fast-food*?
Seu filho aceita uma boa variedade de frutas, legumes e verduras ou os rejeita quase que totalmente?
Você está cuidando com seriedade dos nutrientes que seu filho ingere para o seu bom crescimento?
Seu filho está acima do peso? Muito? E abaixo? Muito?
Quanto ao lanche da escola, como você considera a qualidade do que ele come?
Você acredita que uma criança é capaz de controlar sozinha o próprio impulso alimentar?

Escreva aqui as suas observações:
_____
_____
_____
_____
_____
_____
_____

E AÍ? VOCÊ É OU NÃO UM AMIGO DA ESCOLA?

Ninguém respeita a Constituição
Mas todos acreditam no futuro da nação
Que país é esse?

Que país é esse
Legião Urbana

Toda instituição de ensino é um local que tem regras, horários a serem seguidos, rotina, hierarquia claramente estabelecida, situações constantes de socialização e desafios cognitivos, competições, grupos formados, "panelinhas" e, além disso tudo, possui "algo" que a criança é obrigada a dividir com os seus colegas: a professora, que é a maior cuidadora e responsável pelas crianças na sala de aula.

Muitas vezes as crianças não sabem dividir nada, pois não fazem isso em casa. Não conseguem compartilhar a atenção da professora, então precisam se sentar sempre ao seu lado, andar de mãos dadas com ela (ou com a assistente) o tempo todo, já que em casa os pais fazem todas as suas vontades. Muitas vezes a criança apresenta comportamento agressivo na escola por ser obrigada a seguir certas regras: horários, fila, rotina, saber perder nos jogos, brincadeiras e atividades educativas – em casa os pais permitem que ela sempre ganhe em tudo.

Antes de acusar a escola, antes de condenar as professoras,

antes de partir para a ofensa, o ataque, eu aconselho os pais a fazerem uma forte, humilde e verdadeira reflexão sobre quanto eles mesmos influenciam seus próprios filhos a não quererem ir à escola.

Após tal reflexão, o que os pais devem fazer é forçar, sim, a criança a ir para a escola, simplesmente deixando-a no portão com o devido responsável e dizendo a ela com calma e com carinho: "Tchau, boa aula, divirta-se. No fim do dia eu venho buscar você". E ir embora. Mesmo que a criança fique chorando, não há problema nisso. Com o passar dos dias ela terá a segurança necessária e irá parar de chorar, pois terá aprendido que os pais realmente voltam para buscá-la e que no decorrer do dia nada de ruim acontece na escola para que ela fique tão desesperada assim.

Quanto ao choro, tenha certeza de algo: uma escola adequada, com profissionais bem preparados, sabe muito bem como lidar com isso. Caso o choro do seu filho alcance uma intensidade e duração muito grandes, a escola irá telefonar para que você o busque mais cedo. Caso contrário, relaxe, confie e entregue o seu filho com o coração e a mente abertos.

Às vezes o problema está mesmo dentro da escola. No entanto, na maioria das vezes... está em casa.

Alguns pais me perguntam o que fazer para os filhos gostarem de estudar. Não gostar de estudar é diferente de ter dificuldades para estudar. É comum não gostar de estudar, até mesmo para nós, adultos, pois os conteúdos podem ser chatos, maçantes, repetitivos, muitas informações jamais terão utilidade na vida prática, é preciso decorar muitas fórmulas etc. Além disso tudo, infelizmente, muitas escolas não têm uma metodologia que favoreça o prazer do aluno em aprender.

Aos sete anos de idade, o foco da aprendizagem ainda está na alfabetização e no básico das relações matemáticas. Muitos professores ainda trabalham bastante com jogos e materiais concretos com uma turma de sete ou oito anos de idade, o que é excelente para o aprendizado. Com o apoio do concreto as crianças aprendem melhor e com mais satisfação.

Quando os pais percebem que o filho tem dificuldade em assimilar os conteúdos, o ideal é que eles procurem, o mais rápido possível, um psicopedagogo para fazer uma avaliação sobre a aprendizagem dele. A escola talvez possa indicar um profissional, ou, se você não puder arcar com os custos, procure as universidades que oferecem esses serviços à comunidade.

Em seguida, se houver suspeita de hiperatividade, dislexia ou outro transtorno, você deverá procurar um neurologista infantil, um psicopedagogo, um neuropsicólogo ou outro profissional que atue na área. É necessário que você verifique por que o seu filho não consegue assimilar os conteúdos adequadamente.

Independente da avaliação dos profissionais, tente seguir estas dicas
• Organize o dia a dia de seu filho com certa rotina: com horários para as refeições, horário para brincar e horário para fazer as tarefas.

• Não deixe as tarefas escolares para o período da noite, e, se ele estuda à tarde, tente fazer com que ele faça parte da lição de casa no início da noite e o restante quando acordar.

• Caso seu filho apresente dificuldades, fique ao lado dele no momento em que faz as tarefas da escola, mas atenção: ele é quem faz; você pode apenas ajudá-lo a compreender os exercícios e questões.

• Faça com que seu filho durma cedo – uma criança de sete anos de idade deve ir para a cama em torno das 21 horas em dias letivos.

• Cuide da alimentação também: evite doces e alimentos pesados antes de dormir. Um lanche mais leve no final do dia, com um suco ou um copo de leite, faz com que a criança durma melhor e, dormindo melhor, ela estará mais bem disposta a aprender.

• Não recrimine muito seu filho pelas suas dificuldades; tenha paciência com as limitações dele e incentive-o a progredir sempre, mesmo que aos pouquinhos. Pequenas premiações são úteis e benéficas em situações como essa. Você pode propor um cinema no meio da semana caso ele realize as tarefas com mais independência ou dar a ele um novo álbum de figurinhas caso não faça birra durante as tarefas naquela semana. Quando nós temos de lidar com as nossas dificuldades, nada melhor do que um incentivo. Não faz mal nenhum! Estímulo positivo só faz bem!

Dicas para os filhos estudarem mais e irem bem na escola

O que fazer quando eles ficam de recuperação ou são reprovados na escola?

• Primeiro ponto: verifique se o método de ensino da escola está adequado ao seu filho. Nem todas as crianças se adaptam bem a todos os métodos.

• Verifique se a filosofia de valores e estrutura familiar pregada na escola é coerente com a sua, afinal, você não quer que seu filho cresça com uma divergência de valores internos.

• Esteja atento à quantidade de lição de casa passada ao seu filho diariamente e à coerência dos conteúdos e exigências. Há escolas que passam atividades de escrita para crianças de três anos de idade, o que é um absurdo, já que as crianças são alfabetizadas entre os cinco e sete anos de idade.

• Outro ponto: se a maioria das crianças da turma do seu filho está indo mal, algo está errado com a escola, com a professora ou com o conteúdo. Se apenas seu filho e mais alguns têm dificuldade, então você deve dar a devida atenção ao problema.

• Se seu filho demora a realizar a lição de casa, que mais tempo seja dado a ele, então, nada de televisão ou videogame antes da tarefa. Ele pode precisar que vocês, pais, o ajudem um pouco. Atenção: ajudar e ensinar são diferentes de fazer por ele, ok? É só dar uma mãozinha.

• Nunca faça a lição de casa pelo seu filho. É importante que a professora saiba o que os seus alunos conseguem de fato fazer em casa, sem a presença dela e dos colegas.

• Se seu filho tem muitas atividades extracurriculares, talvez você deva sentar com ele e selecionar apenas duas: uma física (esporte) e outra (língua estrangeira ou algo artístico de que ele goste, como música, teatro, pintura etc.).

• Talvez seja o caso de você procurar por uma professora particular para fazer um "intensivão" com seu filho e para lhe ensinar como estudar, como se organizar melhor.

• No entanto, se for verificado que há questões emocionais envolvidas, uma psicopedagoga é a melhor opção, já que é a profissional que vai trabalhar a influência da emoção na aprendizagem do seu filho.

Como os pais devem reagir ao saber que seu filho irá repetir o ano?

Quando a escola toma essa decisão é porque todas as possibilidades de aprovação foram esgotadas, inclusive a aprovação por conselho dos professores. Sendo assim, os pais devem ter serenidade e aceitar a decisão da escola, verificando a veracidade do boletim escolar e, em seguida, providenciar o apoio de que o seu filho provavelmente irá precisar (aulas particulares, psicopedagogo e, talvez, passar por um processo terapêutico).

Repetir o ano é sempre culpa do aluno? Quando pode não ser? Como reagir em cada caso?

Bem... geralmente a culpa pela repetência recai sobre o aluno, sim, mas é necessário verificar a quantidade de crianças repetentes de determinada escola ou turma, ou que sejam alunas daquela professora. As crianças nunca repetem "de repente", ou seja, é um processo de baixas notas ao longo do ano letivo. Então, o ideal é que os pais acompanhem o desenvolvimento de seus filhos e procurem por uma ajuda específica (por exemplo, aulas particulares) assim que o problema iniciar.

Ir mal na escola pode ser reflexo de algo que esteja acontecendo em casa?

Sim. Muitas crianças têm dificuldades em algumas matérias por não conseguirem compreender, por medo do professor, pela falta de dinâmica da professora ou do método de ensino, por ter dificuldade de interpretar ou de lidar com números, de decorar etc. Mas muitas crianças podem apresentar, por algum período de suas vidas, dificuldades de aprendizagem decorrentes de questões familiares, como por exemplo: divórcio, morte de alguém, nascimento do irmãozinho, excesso de estresse em casa, até mesmo estar inserida em um ambiente que faz muita pressão sobre ela.

Quando os pais devem desconfiar de transtornos de aprendizagem, como a dislexia, por exemplo?

A dislexia é um problema relacionado à leitura e à escrita. Muitos erros ortográficos, disgrafia ("letra feia"), dificuldade para escrever com letra manuscrita (a criança escreve, portanto, apenas com letra bastão). O disléxico geralmente possui ótima habilidade em provas orais, mas se enrola todo em provas escritas. Na dúvida, os pais devem procurar um neuropsicólogo e um psicopedagogo para a devida avaliação.

A valorização do sucesso que existe na sociedade atual pode agravar a situação?

Valorizar o sucesso, o acerto, o positivo nunca foi ruim. Ruim é a pressão causada para que a pessoa SEMPRE tenha sucesso. E NINGUÉM obtém sucesso sempre. Ninguém obtém a medalha de ouro todas as vezes. Há que se ter o cuidado de estimular o sucesso sem pressionar para a perfeição.

Repetir o ano deve ser visto como um atraso no desenvolvimento infantil?

Não, nem sempre. Uma situação de atraso do desenvolvimento infantil envolve algum comprometimento orgânico, seja motor, seja cognitivo ou mental. Uma repetência escolar pode também apenas estar relacionada a uma fase da vida da criança ou com dificuldades que ela possa ter, afinal, quem é que não tem dificuldades?

A repetência pode ser positiva para o aluno? De que forma?

Hum... É complicado olhar isso de forma positiva, pois

trata-se de um ano inteiro perdido, trata-se de ser comparado com quem passou de ano, de ter que lidar com piadinhas sem graça dos colegas etc. Geralmente a autoestima fica um pouco abalada, sim, mas, se a criança precisa repetir o ano, então que a família se dedique de modo a tirar uma lição positiva da situação.

Repetir o ano pode fazer com que a criança amadureça?
Pode, sim, mas também pode deixá-la arrasada. Tudo depende de como a família lida com a situação.

O que fazer no próximo ano para que isso não aconteça mais?
Não quer dizer que não vai mais acontecer, mas buscar ajuda profissional como as já citadas aqui só traz esclarecimentos, orientações e benefícios às crianças. Os pais devem seguir com seriedade as orientações dos profissionais, pois de nada adianta pagar um profissional se eles não fizerem sua parte em casa. Experiência própria!

Como os pais devem agir durante todo o ano para garantir que os filhos tenham um bom rendimento escolar?
Os pais devem garantir uma alimentação saudável, sono adequado, com horário certo para ir para a cama, espaço apropriado em casa para realizar a tarefa escolar, limites de tempo no computador, videogame e televisão, prática de exercícios físicos, estimular a vida social e, claro, tempo para brincar. Isso tudo é um conjunto de pré-requisitos básicos que toda criança deveria ter. Além disso, os pais devem estar presentes nas reuniões escolares e tirar suas

dúvidas sobre o rendimento escolar e o comportamento de seus filhos.

Dizer para o filho quanto custa mantê-lo na escola ajuda a criança a assimilar a ideia de repetir o ano letivo?

Geralmente isso apenas faz a criança sentir-se mais pressionada e culpada ainda. No caso de filhos adolescentes, uma conversa franca, tratando-o como "quase adulto", pode torná-lo mais consciente e responsável sobre as falhas no próprio comportamento, na falta de dedicação aos estudos.

Tachar a criança de "atrasada" pode ser danoso para o desenvolvimento emocional dela? De que forma?

Lógico. Mesmo que ela tenha algum atraso no seu desenvolvimento, ficar ouvindo sobre os seus defeitos e os seus erros, seus fracassos, constantemente, não fará com que progrida. Temos que tratar o atraso escolar, a repetência de uma criança como um acontecimento na vida dela e pronto. Agora é bola pra frente para que isso não ocorra no ano seguinte. Focar no positivo.

Violência nas escolas: como orientar os filhos (principalmente os adolescentes) a ter respeito com colegas e professores e alertá-los para não serem vítimas da violência.

Estamos vivendo em uma sociedade cada vez mais incoerente. De um lado, temos a velocidade com a qual as informações chegam a nós. De outro lado, temos um ambiente que se comporta cada vez mais como se não houvesse informação alguma. As crianças estão se tornando adolescentes, que estão se tornando adultos, que estão se tornando os novos pais, que estão repetindo o modelo de não dar limites ao seus próprios filhos. E assim vamos vivendo dentro de uma bola de neve de violência, desrespeito e falta de punição.

Valores essenciais a uma convivência equilibrada e harmoniosa, respeito e educação têm origem dentro de casa, com pai e mãe, principalmente. Se pai e mãe não impõem respeito, limites e consequências aos filhos, estes crescem sem noção de hierarquia, alienados em seu próprio mundo, onde pensam que somente eles existem.

Para que o adolescente respeite o professor, é necessário que ele venha de um lar em que os filhos respeitam os pais. Se os adolescentes estão acostumados a maltratar seus irmãos, assim farão com seus colegas de classe. A impunidade gera uma sociedade delinquente juvenil.

A raiz da grave problemática que hoje vemos nas escolas, com alunos ameaçando professores, está dentro de casa, até porque os filhos veem os pais ameaçando os diretores. Se não há respeito em casa, não há como obtê-lo fora dela.

Atenção, pais: quando o ano está acabando e você percebe que o seu filho corre o risco de repetir o ano, o que fazer? É necessário que você corra contra o tempo, afinal, não há ninguém interessado em que o seu filho perca o ano, certo?

Procure imediatamente uma boa professora particular ou uma escola que ofereça aulas de reforço. Intensifique o SEU tempo com o seu filho para ajudá-lo nas tarefas da escola. Agora não é hora de passar muito sermão. O seu filho deve estar apavorado só de pensar na possibilidade de repetir o ano escolar. Portanto, aja com praticidade: estude bastante ao lado dele e, para que ele tenha maiores chances de se concentrar e obter melhores notas, ofereça alguns estímulos, por exemplo: se passar de ano ele vai ganhar um presente extra no Natal. Caneta e papel nas mãos e... boa sorte!

Pense com o cérebro e responda com o coração
O seu filho tem tempo suficiente para fazer as tarefas de casa e estudar para as provas?
Ele precisa que você o ajude?
Você somente o ajuda ou acaba fazendo por ele?
Você tem paciência para estudar com o seu filho?
Você o estimula a ter autonomia para realizar pesquisas na internet?
Ele é um bom aluno, mediano ou mau?
Você já precisou recorrer a algum profissional específico (neurologista, terapeuta, psicopedagogo, fonoaudiólogo, professor particular)?
O material escolar do seu filho, incluindo a mochila, é devidamente organizado?
Seu filho checa a agenda por conta própria?
Em casa há um local adequado para que ele estude?
A agenda semanal do seu filho é lotada com diversas atividades extracurriculares?
Ele tem tempo para brincar, assistir à TV ou fazer o que quiser?

Escreva aqui as suas observações:
_____
_____
_____
_____
_____
_____
_____

SEXUALIDADE: AI, AI, AI...!

Acho que só agora eu começo a perceber
Tudo o que você me disse
Pelo menos o que lembro que aprendi com você
Está realmente certo

Comédia romântica
Legião Urbana

Vamos começar este capítulo tão cabeludo para tantos pais, falando sobre... o começo: de onde vêm os bebês? De Marte? De Júpiter? De Saturno? Trazidos numa trouxinha no bico de uma cegonha? Do anjinho do céu? Da sementinha de melancia que a mamãe engoliu? Da loja de bebês? Da estrelinha? Da fada? Essas são apenas algumas das respostas que os pais costumam dar aos seus filhos perante uma pergunta que é tão simples como outra qualquer. O filho está apenas perguntando de onde ele veio. Ele não está pensando em sexo. **O adulto é quem pensa que tudo é sexual, não a criança.**
Gosto muito da seguinte piadinha:
Joãozinho pergunta: "Mãe, pai, de onde eu vim?".
Os pais ficam supernervosos, compram um livro com fotos das genitálias feminina e masculina, falam sobre a penetração sexual, explicam o processo de fecundação do óvulo pelo espermatozoide... o maior auê.

O Joãozinho se vira para eles e diz: "Que engraçado! A tia Denise veio de Brasília, a mãe dela de Piracicaba, o pai dela do Rio de Janeiro, e eu vim de tudo isso?".

Entendeu?

A malícia, a complicação sempre está na cabeça dos adultos. Para as crianças tudo é muito mais fácil.

Mas até agora eu abordei a questão "de onde viemos". E quando os filhos perguntam sobre sexo?

Nos dias atuais, muitos pais ainda têm uma grande dificuldade de falar sobre sexo com seus filhos. Provavelmente porque seus próprios pais também não falaram sobre isso com eles.

A exposição do corpo hoje, o apelo sexual, encontrado até mesmo em algumas histórias em quadrinhos, as letras vulgares em grande parte dos estilos de músicas brasileiras, tudo isso contribui para uma sexualização precoce das crianças.

Ou seja, o interesse, a curiosidade, que deveria aparecer mais tarde, começa a aflorar mais cedo. Por isso temos tantos adolescentes de 13, 14 anos que já são mães e pais: eles concretizam um desejo carnal, mas sua mente ainda não está amadurecida para tomar as devidas precauções.

O ponto principal que os pais devem ter em mente é: **sempre falar a verdade aos seus filhos.** Se você, pai, você, mãe, não falar, o pai do vizinho o fará por você, mas você não saberá como.

Os pais não devem jamais transmitir ideias errôneas sobre sexo aos seus filhos, como dizer que sexo é feio, errado, pecado etc. Afinal, **sexo não é feio, não é errado e muito menos pecado.** Pecado é fazer uma lavagem cerebral em uma criança que ainda nem chegou à experimentação sexual e, quando chegar, já estará influenciada por falsas ideias, ou até mesmo por dificuldades vividas pelos próprios pais.

Os pais não precisam explicar de uma vez só os detalhes sexuais, muito pelo contrário; a maioria dos filhos não se sente à vontade em falar com profundidade sobre isso com os pais. Geralmente eles buscam informações com o professor preferido ou com o pai do melhor amigo (por isso, seja amigo dos pais dos amigos dos seus filhos). A melhor forma de lidar com tal assunto é agir com naturalidade sempre que o seu filho manifestar algum comentário ou interesse.

Os tempos mudaram, a velocidade com que as informações chegam a nós também, os hábitos familiares, a formação familiar em si, enfim, a criança de hoje é totalmente diferente da criança de trinta anos atrás, pois a sociedade é outra, a tecnologia, a família, tudo. **Não existe mais um tabu tão grande em relação ao sexo como havia décadas atrás. Até penso que deveria haver um pouco, já que hoje a situação está fora de controle.**

Falar sobre sexo com os filhos sempre é um tema delicado e constrangedor que a maioria dos pais vivencia mais cedo ou mais tarde, ainda mais quando as famílias permitem, erroneamente, que os filhos assistam às novelas televisivas e a *reality shows*, pois são programas em que os corpos, a sedução e o sexo são muito explorados e valorizados.

O momento ideal para os pais falarem sobre sexo com seus filhos é: quando os filhos tocarem no assunto. Obviamente, não é necessário na primeira conversa já falar sobre tudo o que dois adultos fazem quando estão tendo uma relação sexual. Os pais devem manter a calma e o foco da pergunta. Responder somente o que a criança está perguntando, sem ir muito além, mas sem deixá-la sem a devida resposta. E, caso os pais queiram mentir ou omitir informações aos filhos, saibam que se a criança pergunta sobre sexo é porque já ouviu falar alguma coisa a respeito. Se os pais derem respostas sem pé nem cabeça, o filho vai pensar: "Xiii... meus pais não dão conta desse assunto! Melhor falar com o pai do vizinho!". E é isso o que acontece mesmo. E você não sabe como o vizinho irá explicar tal assunto ao seu filho. Portanto, encare o sexo em si como algo natural que é mesmo, como um processo normal e bonito entre dois adultos que se amam, e não tenha receio de esclarecer as dúvidas dos seus filhos. Isso até aumentará a confiança deles em você. Tenha certeza disso!

Simples: filhos não devem ter acesso aos pais quando estes vão ter relações sexuais, portanto, a porta do quarto do casal deve sempre estar fechada, ou trancada, se for necessário, e os adultos devem controlar os ruídos para que os filhos não os ouçam. Outra questão, já abordada em um capítulo anterior, mas que cabe citar aqui novamente: lugar de filho dormir é na própria cama, no próprio quarto, e não na cama dos pais. Os pais que permitem que seus filhos durmam com eles estão estimulando-os a ter uma vida sexual desequilibrada, em razão da dependência emocional que é gerada ao dormir com os pais no dia a dia (além dos toques corporais em si).

A partir dos quatro anos de idade os filhos já podem começar a tomar banho sozinhos, e os pais devem apenas supervisionar dando aquela "caprichada" de vez em quando, como em orelhas e cabelos. Inclusive lavar as partes íntimas as crianças de quatro anos já conseguem mediante explicações dos pais.

Outra questão é: os pais pecam constantemente ao permitir que os filhos assistam a programas televisivos inapropriados à idade deles. Os programas possuem censura, estão cada vez mais pesados sexual e verbalmente, mas os pais permitem erroneamente que seus filhos assistam. Com isso, muitas vezes sem intenção, obviamente, os pais estimulam seus filhos a se masturbar. O quê? Como assim? Criança se masturba? Ai, meu Deus! Claro que sim, mas não como os adultos. Simplesmente um dia a criança se encosta a algum lugar ou esfrega o pipi ou a perereca de um jeito diferente e daí ela vê que... é gostoso. Quando os pais param para observar com calma, a criança já está fazendo tal cafuné há um bom tempo. E o ponto é: criança em equilíbrio não deve ter o foco do prazer na sua genitália. Portanto, com calma e sem camuflar o prazer, afinal, ela já descobriu que é gostoso (ainda bem!), os pais devem conversar com os filhos, explicando que há momento e local certo para tudo, e, caso percebam que a masturbação não está diminuindo, devem tentar aumentar sua atividade física (esportes, dança etc.) ou procurar ajuda terapêutica.

Os pais sentem constantemente uma angústia e a necessidade de explicar "sexo" ao seu filho adolescente. Primeiro, reflita e veja se precisa mesmo ter essa conversa com ele, pois pode causar um constrangimento desnecessário ao seu filho. E vamos combinar, né? Da década de 90 para cá qualquer adolescente sabe muito bem o que é sexo. É raro uma criança hoje que esteja por volta dos 10 anos de idade ainda não saber sobre a penetração pênis-vagina. E que mal há nisso? Nenhum! Afinal, faz parte de um comportamento natural e adequado do mundo... adulto. Geralmente, elas sabem alguma coisa distorcida sobre sexo oral e anal também.

Algo que me preocupa é que vejo que o comportamento sexual de todos (não só dos adolescentes, mas dos adultos também) está indo na contramão das informações: todos hoje recebem milhares de informações sobre gravidez, aborto e métodos contraceptivos, entretanto, parecem não se preocupar, pois não se comportam com responsabilidade. Tal postura eu chamo de Síndrome do Super-Homem e da Mulher Maravilha, pois pensam que nada ruim jamais acontecerá com eles. Então, cuidar pra quê, não é mesmo? Uma pena... Na era da informação veloz, tanta gente contraindo DSTs (doenças sexualmente transmissíveis) por ignorância.

Lembro-me perfeitamente daquelas aulas no ensino fundamental, em que os professores colocavam na parede imagens bem ampliadas de uma vagina e de um pênis com herpes. O choque que eu levei com as imagens nunca mais esqueci. Um tratamento de choque, para o bem dos filhos, de vez em quando cai bem, sim, como por exemplo documentários sobre pessoas definhando em decorrência da aids.

Compre camisinhas para os seus filhos e dê a eles com naturalidade, numa boa. E, se tiver filha, leve-a ao ginecologista e **não fique com ela durante a consulta**, para que se sinta mais à vontade. Ninguém gosta de entrar em detalhes da vida sexual na presença dos próprios pais.

Tentar conscientizar os seus filhos a cuidar da própria saúde é o melhor que você pode fazer hoje. A você cabe apenas orientar. Quanto ao resto, não tem jeito: é com eles!

E o tal do selinho?

Dar o beijo "selinho" nos filhos é algo muito particular de cada família. Trata-se de um aspecto cultural de uma sociedade e, às vezes, um hábito comum em alguns núcleos familiares. Não há como interferir nisso.

O que deve ser feito é orientar os pais e os filhos sobre o modo como se expõem. Por exemplo, em alguns estados dos Estados Unidos, muitas famílias dão selinho em seus filhos. Em outros, não. Ou seja, quando nós estamos em um ambiente que possui regras e costumes diferentes dos nossos, devemos respeitar as normas sociais locais, primeiro por uma questão de respeito e, segundo, para evitar confusões. Deixando isso de lado, se os pais não estiverem dando beijos em seus filhos de modo a incentivá-los a ter o mesmo comportamento com outras pessoas, então não há razão para alguém fazer alarme. Costumes são costumes e devem ser respeitados, desde que não agridam os costumes alheios.

Às vezes os pais se assustam com o primeiro namoradinho da filha e agem com impulso para reprimir. Geralmente isso não leva a nenhum resultado positivo. Depende. Se a criança tem cinco ou sete anos de idade, com certeza você vai levar na brincadeira, afinal, ela nem compreende a totalidade do que é "ter um namorado". No máximo, ela vai fazer um charminho infantil, ou pegar na mão. Mas, se ela já quiser dar um "selinho", atenção: não permita, pois o beijo na boca é algo muito mais íntimo, e você não precisa incitar a sua filha ou filho a desenvolver uma sexualidade precoce, certo? Os pais que acham lindo demais os filhos pequenos darem beijinho na boca do "namoradinho" levam um choque quando veem que o selinho evoluiu rapidamente para um beijo de verdade, como os dados pelos adultos, com língua e tudo. E daí esses mesmos pais também ficam chocados ao perceber que seus filhos "inocentes" já estão colocando a mão na parte íntima do "namoradinho".

E não se dão conta da gravidade que é permitir que seus filhos assistam às novelas para adultos e a *reality shows* televisivos. Então, muito cuidado: falar que gosta do amiguinho é uma coisa, outra é estimular, de fato, um contato físico. Não se esqueça de que até os bebês já têm ereção automática, natural, quando por exemplo as mães vão trocar a fralda e levam uma esguichada. Se você não quer ser avó antes dos 35, não ache legal então que o seu filho queira brincar de "papai-mamãe" aos 12 ou 13.

Pense com o cérebro e responda com o coração

Você permite que o seu filho assista às novelas televisivas exibidas no horário nobre?

Você respeita a indicação da censura quando vai ao cinema com o seu filho?

Você compra roupas muito sexy para o seu filho (pergunta importante, principalmente se for menina)?

Você permite que seus filhos brinquem com crianças maiores dentro de quartos fechados?

Você estimula seu filho a tomar banho sozinho adequadamente?

Em reuniões de família ou amigos, você permite que seu filho fique por perto ouvindo conversas "de adulto", com vocabulário e piadas "de adulto"?

Você se veste com naturalidade na frente do seu filho, com certa cautela, ou na sua casa existe um tabu extremo sobre ver os pais sem roupas?

Quando o seu filho faz comentários ou perguntas sobre sexo, você consegue responder com transparência, sem inventar "história para boi dormir", ou só de pensar na possibilidade dessa situação a sua alma já sai do corpo?

Para você, sexo é algo sujo, feio e nojento? Quando o seu filho pergunta a você como nascem os bebês, qual é a resposta que vem a sua mente?
a) Da cegonha.
b) Da sementinha da melancia.
c) Sei lá. Pergunta para o seu pai/para a sua mãe.
d) Do Além.
e) O papai coloca o pipi na pererca da mamãe e daí nasce um bebê dentro da barriga da mamãe.

Escreva aqui as suas observações:
_____
_____
_____
_____
_____
_____
_____

ADOLESCÊNCIA: VOCÊ É MAIS PAI OU MAIS AMIGO DO SEU FILHO?

Quero me encontrar, mas não sei onde estou
Vem comigo procurar algum lugar mais calmo
Longe dessa confusão e dessa gente que não se respeita
Tenho quase certeza que eu não sou daqui

Meninos e meninas
Legião Urbana

Devido à violência urbana presente em nossas vidas, está cada vez mais ameaçador deixar um filho se virar nas ruas por conta própria. Em razão do excesso de trabalho e muitas vezes por causa do divórcio, os pais, hoje, já tendem a superproteger as crianças. Se pensarem no risco que seus filhos correm nas ruas, então... compreendo que dá vontade de colocá-los em uma redoma. Ninguém quer o filho em um ônibus queimado ou em um consultório assaltado. Ninguém quer que o filho sofra um abuso sexual dentro de um banheiro no shopping enquanto você, pai, mãe, estava do lado de fora esperando por ele. Ninguém quer ser obrigado a dizer: "Minha filha foi comprar sorvete e nunca mais voltou". Infelizmente essa problemática social (econômica e política também) não vai ser resolvida tão cedo, tampouco magicamente. E prender os filhos para sempre torna-se uma missão impossível.

Viver é estar em risco constante. O que sugiro, então, é que aos poucos, sob a supervisão dos pais, os filhos possam adquirir a autonomia necessária e a esperteza para se virarem sozinhos nas ruas. Prender demais os filhos pode impedi-los de desenvolver a malícia necessária até para perceber situações de risco. Pessoas desequilibradas e violentas existem em todos os lugares, mas é sabido que quanto mais urbana a cidade, quanto maior ela é, mais risco há em viver ali. Ou seja, o ponto é fazer com que seu filho tenha responsabilidade e saiba buscar ajuda quando necessário, assim como torná-lo capaz de manter a calma no meio de um imprevisto em que a própria vida pode estar em risco. A idade certa? Não há. O que há é o comportamento mais adequado. Alguns o alcançam aos 10 anos, outros aos 12, outros aos 15... e uns tantos nem aos 20, 25 ou 30. São estes que estão tirando a paz dos demais. Triste realidade.

A aparência física dos filhos adolescentes muitas vezes é motivo de tormenta dentro de casa. Quando se trata de filhos rebeldes, há que se ter muito jogo de cintura para convencê-los a se vestir adequadamente.

Se os pais sempre incentivaram um visual mais sensual, dificilmente conseguirão fazer com que seus filhos se mostrem mais reservados de repente. O ideal é que sejam coerentes desde quando os filhos são pequenos, ou seja, que façam com que as meninas, por exemplo, vistam-se como meninas, e não como miniaturas de mulher. Que não permitam que os meninos coloquem piercings aos 10 anos de idade (conheço casos!), pois a chance de haver arrependimento será enorme, já que aos 10 anos a criança ainda não tem maturidade para decidir o que fazer com o próprio corpo.

Os adolescentes andam em bandos, ou melhor, em tribos.

E cada tribo possui características próprias: as marcas, o estilo de se vestir, os acessórios, o estilo de cabelo e maquiagem, os lugares que frequenta, a literatura que adota, os programas de televisão a que assiste... Tudo isso influencia no guarda-roupa e nos hábitos adolescentes. Até mesmo o fato de serem carinhosos, atenciosos e respeitar os próprios pais pode ter influência do grupo de amizades que eles adotam.

Uma vez uma leitora me pediu orientação a respeito de sua filha de 12 anos que estava muito rebelde, preguiçosa e não respeitava o padrasto. Eu respondi o seguinte a ela:

"É muito provável que, devido à situação afetiva da mãe e à ausência do pai, a menina tenha sido superprotegida, mimada em excesso, poupada de certas tarefas que a tornassem mais responsável e que fizessem com que ela desse mais valor a tudo o que recebe. Mas nunca é tarde para rever tal postura, ainda mais se ela ainda vive sob o teto da mãe, seus cuidados, seu sustento, ou seja, ela ainda não possui a própria renda, então terá de se adequar às novas regras colocadas por você.

Primeiro ponto: é muito comum que os filhos crianças e no início da adolescência tenham uma verdadeira adoração pelo pai ou mãe que não lhe dá a atenção devida. Trata-se de um mecanismo de defesa inconsciente, chamado 'negação', que nada mais é do que fingir que não percebe certas situações, relevar excessivamente os erros alheios; é o famoso 'tapar o sol com a peneira'. Como sua filha ainda é dependente, ela vive na ilusão de que as coisas um dia serão diferentes, melhores. Com o passar dos anos, chegará o dia em que ela terá de enfrentar a dura realidade e aceitar o fato de que o pai que ela tanto venera não a prioriza. Esteja atenta para os pequenos sinais dessa percepção da sua filha, pois provavelmente ela passará por uma fase em que sentirá muita raiva do pai. Aos poucos, com o amadurecimento, ela será obrigada a lidar com a realidade, dura como ela é. Não há outra saída.

Quanto ao seu marido atual, que é o padrasto da sua filha, é muito importante que você faça com que ela respeite o seu companheiro e que este seja firme com ela também, sem ultrapassar os limites combinados entre vocês dois no que diz respeito à educação da SUA filha. O mesmo vale para o pai e a nova parceira.

Não é tão difícil assim obter o controle da situação. Seja firme com a sua filha: para andar bonitinha, arrumada, com roupas *fashion*, cabelo e unhas feitas, uma bolsa legal etc., sair com os amigos, é preciso ter dinheiro.

Então, que ela faça por merecer. Não fez, ficou sem dinheiro. Fez malcriação, tratou você ou o padrasto com desrespeito, nada de dinheiro. Se ela fingir não se importar, tire o celular e a internet dela. Deixe, no mundo de hoje, um adolescente sem celular e sem internet para ver se ele fará ou não o que você está lhe dizendo!

O quarto da sua filha, de um modo geral, deve estar arrumado sempre. É obrigação dela.

E daí, aos poucos, você pode estipular algumas tarefas domésticas mais simples para que ela dê valor ao que tem e seja digna de ganhar o horário com a manicure, a roupa para sair, o dinheiro para a saída e, sobretudo, o direito para a saída! Não tenha receio de designar a ela tarefas como: lavar a louça, lavar o tênis, regar as plantas, levar o cachorro para passear e ajudar você na faxina semanal, varrendo a casa e espanando os móveis. Garanto a você que irá funcionar! Além de dar mais valor a tudo, ela te olhará com muito mais respeito."

Outra leitora me disse que não sabia o que fazer com seu filho, também de 12 anos, que apresentava mau comportamento e que ela julgava "ser um menino ruim".

"Primeiro deve-se levar em consideração a idade, já que por volta dos 12 anos o menino passa por várias mudanças fisiológicas (mudança do tom de voz, a qual oscila muito, tornando-se por vezes 'esganiçada', provocando risos nos outros e causando constrangimento a ele), e os hormônios, que levam ao desejo da consumação do ato sexual (por isso muitos meninos se trancam em seus quartos por horas ou tomam banhos demasiadamente longos, pois têm o pensamento focado na masturbação), sem contar o aparecimento de pelos por toda parte do corpo, o que pode deixar o garoto retraído socialmente, principalmente na presença de meninas. Além disso, é comum querer de repente ganhar massa muscular e ter o corpo definido em um passe de mágica, ainda mais quando vivemos bombardeados por tantas mensagens de 'seja feliz com o corpo perfeito!'.

Bem, além disso, 12 anos é uma idade ingrata, francamente falando, pois ele não é mais criança e a família e os vizinhos não acham mais a mínima graça em comportamentos infantis forçados e ataques repentinos de malcriação no meio da rua. Por outro lado, aos 12 anos o menino ainda não tem maturidade para conversar adequadamente em uma roda de adultos, então ele dá 'foras' o tempo todo, tornando-se inconveniente ou o famoso 'sem noção', como dizem por aí.

Por tudo isso é tão comum que os meninos de 12 anos de idade se isolem do restante do universo. Mas é preciso ficar atento, pois as drogas e os perigos da internet não estão descartados.

Os pais precisam refletir sobre a situação familiar. Tente ser uma mera observadora e perceba se o seu filho é mais respeitado ou desrespeitado dentro da própria casa. As pessoas que convivem com ele o tratam bem ou mal? São pessoas que de fato se preocupam com ele ou mal notam a sua presença?

Levanto esse questionamento porque quem é constantemente desrespeitado e ignorado irá naturalmente devolver esse sentimento ao meio de convívio, o que não quer dizer que o seu filho seja ruim. Talvez ele esteja apenas precisando de afeto real e sincero; de alguém que realmente se preocupe com ele e queira o seu bem.

No entanto, se quando diz que o seu filho 'é ruim', você está falando sobre um comportamento muito rebelde e agressivo, você precisa verificar se ele está usando algum tipo de droga e cometendo atos delinquentes e ficar atenta às companhias dele. Verifique na escola como seu filho se comporta e, se necessário, não relute em começar um tratamento terapêutico para ele e para você também, afinal, 'um filho ruim' precisa urgentemente que sua mãe seja suficientemente boa para olhar para ele com mais amor."

Geralmente, filhos dependentes e folgados são assim porque os próprios pais erraram em não torná-los pessoas independentes e que valorizam o que têm, o que ganham e o que conquistam. Então, o primeiro passo seria uma reflexão sobre a sua conduta dentro de casa. Observe se você mima muito seus filhos, se você realiza tarefas como se fosse empregada deles. É assim que os pais se tornam escravos dos filhos sem perceber.

E quando os pais percebem que seus filhos adolescentes estão andando em má companhia, o que fazer? Aí está uma questão bem difícil, pois, se são adolescentes, é muito provável que vão se rebelar. E se os adultos falarem mal dos seus amigos, aí é que eles irão se rebelar mesmo. Mas não tem jeito: se os pais estão percebendo que seus filhos estão andando com más companhias, correndo o risco de ser influenciados a cometer delitos ou atos que irão prejudicar a si mesmos ou aos outros, como uso de drogas, tráfico, comportamento sexual inadequado etc., a única solução é tentar fazer com que seus filhos se afastem de tais companhias.

O problema é: se eles já têm um forte vínculo com essas amizades, como irão aceitar tal imposição colocada pelos pais? Não vão! Sendo assim, os pais terão de ser mais espertos, e não entrar em um ringue contra os filhos. Os pais terão de negociar. Algumas sugestões:

- Matricule seus filhos em cursos como teatro, música, academia, em locais diferentes dos frequentados pelas más companhias, para que assim eles possam fazer novas amizades naturalmente.
- Estimule seus filhos com premiações também: por exemplo, se mantiverem o boletim com boas notas, podem ganhar um dinheirinho a mais ou trocar de celular no final do semestre.
- Caso os filhos se rebelem muito, apresentando mau comportamento para enfrentar os pais, estes terão de agir com mais firmeza e aplicar castigos. Algo que sempre recomendo para lidar com adolescentes e que funciona maravilhosamente bem é: tire a internet dele e vamos ver se ele não vai colaborar mesmo. Tirar o celular, o computador, a permissão para acessar as redes sociais deixa qualquer

adolescente mais colaborador. O mesmo se aplica ao dinheiro que os pais lhe dão para as baladinhas nos fins de semana e para roupas de marca.

Agora responda com muita humildade e honestidade ao fazer algumas reflexões:

• Há quanto tempo (anos, com certeza) o seu filho lhe responde e faz malcriações?
• Há quanto tempo o seu filho não respeita a posição do seu cônjuge?
• Há quanto tempo você não consegue impor limites ao seu filho?
• Você, por acaso, alguma vez já se empenhou de fato a colocar limites no seu filho ou você acaba cedendo devido à pressão que ele faz?
• Você costuma impor algum castigo ao seu filho?
• Ele se importa com tais castigos ou não está nem aí?
• Como seu filho obtém dinheiro para se divertir? Com certeza é você que dá, afinal, ele é menor de idade. Sendo assim, por que você lhe dá dinheiro, se ele não merece?
• Quais são as obrigações dele dentro de casa?
• Quem limpa e organiza o quarto do seu filho?
• Ele lava a louça? Varre o quintal? Leva o cachorro para passear? Rega as plantas?
• O celular dele é pós-pago? Se sim, por quê?
• Quanto ele gasta por mês com celular? Quem paga? Você? Ou ele paga com a mesada que recebe?
• Aliás, quanto ele ganha de mesada? Para que ele usa a mesada?
• Sobre os amigos: se são jovens que apresentam comportamento inadequado, por que você autoriza seu filho a sair com eles?

- Como formas de castigo, você já experimentou tirar de seu filho o celular e o acesso ao computador (principalmente ao Facebook)?
- No final das contas, quem "vence" cada briga? Ele ou você?
- Seu filho é naturalmente carinhoso com você ou demonstra afeto apenas quando tem interesse em algo?

Partindo do pensamento de que o seu filho já tem mais de 12 anos de idade, afinal, estamos falando sobre adolescentes, observe se você:

- Recolhe as roupas que ele joga no chão.
- Leva para a lavanderia as roupas sujas dele.
- Organiza e guarda no armário as camisetas que ele empilha na cadeira do quarto.
- Limpa as mochilas da escola para ele.
- Procura pela casa os chinelos que ele perde todos os dias.
- Deixa que ele tenha telefone celular com linha pós-paga.
- Não controla o acesso dele à internet.
- Não o obriga a fazer devidamente as tarefas escolares e a estudar para as provas.
- Permite que ele se sente no sofá de casa sujo e suado após uma partida de futebol.
- Permite que ele jogue debaixo da cama as roupas sujas misturadas com papéis de chocolate.
- Ainda precisa mandá-lo tomar banho e escovar os dentes.
- Não o obriga a manter o próprio quarto limpo e com um bom odor.

Se você se reconhece na maioria desses itens, então, infelizmente, você está criando seus filhos para que eles sejam dependentes e folgados sempre. Então, comece a parar de fazer tudo isso. Deixe que seu filho tenha de procurar pelo que quer ou precisa, deixe que ele se perca no caos dele, assim, aos poucos, ele diminuirá a bagunça. Faça-o ajudar nas tarefas de casa para merecer o uso do celular e da internet. Mas, se a mamãe sempre for escrava do filho, então ele não terá razão para abandonar o santo reinado.

Com foco nas dicas anteriores, pense com o cérebro e escreva com o coração suas observações sobre quanto você cumpre, ou não, os itens sugeridos:

_____
_____
_____
_____
_____
_____
_____
_____

TECNOLOGIA: NOTEBOOK, TABLET, CELULAR, FACEBOOK, WI-FI, 3G, SELFIE, TDB

É preciso amar as pessoas
Como se não houvesse amanhã
Porque se você parar pra pensar
Na verdade não há

Pais e filhos
Legião Urbana

Não há como querer que as crianças de hoje tenham a mesma infância que as crianças de trinta anos atrás tiveram. O mundo de hoje não é o mesmo de trinta anos atrás, nem no que se refere à violência, nem quanto à sociedade como um todo, nem no aspecto família. Tampouco no aspecto tecnologia.

Tecnologia é muito bom, desde que aplicada adequadamente
Muitos pais costumam dizer que seus filhos estão viciados nos jogos eletrônicos ou até mesmo nas redes sociais, que é o mais comum atualmente. Vício, em sua definição, é um hábito repetitivo que degenera ou causa algum prejuízo ao próprio viciado e/ou aos que com ele convivem, e sempre denota algo negativo, inadequado, socialmente abusivo e vergonhoso. É preciso ter cautela ao dizer que o filho está viciado, quando, na verdade, ele

apenas sente grande prazer em relaxar e se divertir com jogos eletrônicos.

Quanto ao filho querer jogar sempre o mesmo jogo, qual é o grande problema nisso? Há que se ter bom senso, pois tenho certeza de que, quando liga a televisão, você coloca no canal da sua preferência todos os dias, certo? Isso é normal, pois todos nós vamos direto ao que nos interessa mais.

Além disso, cabe aqui uma reflexão a você: o seu filho fica sempre no computador por falta de opção? Veja bem, se ele não tem amigos da mesma idade que possam frequentar a sua casa ou que o convidem para ir à casa deles, se ele fica sozinho o dia inteiro em casa, nada mais natural que ele gaste o próprio tempo com o computador, já que é uma relação homem-máquina, ou seja, não depende de mais ninguém para existir.

Você já propôs a ele compartilhar momentos com você? Por exemplo, andar de bicicleta, dar uma volta no parque, tomar um suco, comer um cachorro-quente, ir ao cinema, alugar um DVD e assistir com ele no sofá, comendo pipoca? Caso você já tenha sugerido a ele situações como essas e não tenha obtido sucesso, saiba que você é o adulto da relação, você é o mais velho, ou seja, cabe a você ter o comando em suas mãos e fazer com que seu filho aceite uma das atividades. Além de desligá-lo um pouco do eletrônico, com certeza é um modo de aproximar vocês dois e espairecer em outro ambiente que não seja a própria casa.

E quanto às crianças bem pequenas?

Uma criança de três anos, por exemplo, ainda é muito pequena para conseguir acompanhar cognitivamente a maioria dos jogos que têm uma sequência de estratégias, missões a serem cumpridas etc. Mas há os famosos aplicativos, que os pais podem baixar nos seus tablets.

Pais, antes de condenarem a tecnologia com unhas e dentes, deem uma olhadinha com boa vontade, pois há muitos aplicativos e jogos interessantíssimos e benéficos à criançada.

Os videogames são ótimos, tanto os ligados à televisão quanto os portáteis. Hoje em dia os jogos em 3D ajudam a desenvolver melhor a noção espacial, coordenação motora fina, lateralidade, atenção, memória, linguagem etc. São inúmeros os benefícios que esses programas podem oferecer aos pequenos.

Mas é claro que tudo deve ser monitorado pelos pais, inclusive o tempo de permanência no aparelho.

Se o seu filho cumpre todas as suas obrigações e também pratica atividades físicas, por que não deixá-lo brincar um pouco no computador? Afinal, se ele de fato é um menino adequado, nem sobra tanto tempo assim para o computador.

Fique atento à distância em que a criança se encontra da televisão. Não deixe que ela chegue muito perto para que não prejudique a visão. Outro ponto: de que maneira ela manuseia o controle? Adequadamente ou com dificuldade? Até porque os controles não são feitos para as mãos pequenas das crianças de três anos, e sim para crianças um pouco mais velhas. O seu filho está sendo influenciado por irmãos ou primos mais velhos? Preste atenção nisso também.

Outro ponto, importantíssimo, é: as crianças de três anos ainda não desenvolveram cerebralmente um foco de atenção que se mantenha em uma atividade muito demorada. Tanto que as escolas infantis planejam as atividades das crianças com um curto tempo de duração, para que elas não fiquem cansadas e comecem a fazer birras à toa. As crianças dessa idade não conseguem ainda, de modo geral, ficar sentadas desenhando por meia hora; geralmente elas dão uma rabiscada e dizem: "Terminei!". O mesmo acontece com brincadeiras de montar blocos ou quebra-cabeças apropriados para a idade em questão. Tudo tem de ser muito rápido, pois faz parte do desenvolvimento infantil, por isso é tão comum vermos crianças pequenas dando trabalho, inquietas dentro de uma sala de cinema, pois não conseguem se concentrar e acompanhar por uma hora e meia ou duas horas o filme, o enredo. Então, elas se cansam e fazem birra, pois querem sair dali, fazer algo diferente.

Então, se o seu filho está há muito tempo jogando videogame, ele pode estar desenvolvendo um estresse infantil bem debaixo dos seus olhos e você pode não estar enxergando esse processo. Fique atento!

Último ponto: ele tem apenas três anos, ou seja, não é ele que decide se vai ficar ou não em casa para jogar videogame ou para fazer qualquer outra coisa. Quem decide isso é pai e mãe. Portanto, não permita que ele dê ordens a vocês, nem que decida sobre a própria rotina e os próprios afazeres. Ele vai jogar videogame ou brincar de qualquer outra coisa quando vocês, pais, julgarem ser o momento adequado.

Tenho sido muito questionada atualmente por muitos pais sobre o uso do celular pelos filhos pequenos.

Não quero ser hipócrita e dizer aos pais para darem um celular aos filhos somente quando eles forem adolescentes, afinal, os tempos mudaram; mas muitas crianças mal conseguem segurar o garfo adequadamente e já ganham um celular dos pais. Muitas crianças nem sabem ler e escrever e já ganham um celular dos pais. Muitas crianças mal têm cuidado com o estojo de canetinhas, mas ganham um celular dos pais. Muitas crianças vivem derrubando a régua no chão, perdendo a borracha, colocando um livro em qualquer lugar e, mesmo assim, ganham um celular dos pais. E todas essas crianças têm computador em casa, tablet, usam os celulares dos pais para entrar em aplicativos e ainda assim ganham um celular de seus pais.

A minha pergunta é: pra quê? **Dar um celular de presente para uma criança que ainda não sai sozinha é pedir para ter mais preocupações:** roubo, senha, esquecer a senha, molhar o aparelho, conversas às escondidas, frequentar salas de bate--papo etc. É desnecessário e só traz dor de cabeça.

As pessoas estão vivendo com foco na tecnologia. Os pais preferem que o filho brinque com o celular a deixá-lo brincar com jogos de tabuleiro, pular amarelinha ou brincar em casa com amiguinhos da escola.

Se a criança não vai sair sozinha, pois não tem idade para isso, se ela não pode usar o aparelho celular na escola e se ela mal sabe ler e escrever, então por que os pais estão dando celulares aos filhos? Está faltando babá no mercado de trabalho? Está faltando paciência para lidar com os filhos no dia a dia? Está faltando criatividade para ter o que fazer? Ora essa...

Cuidado! Muitos pais estão criando robôs

A indústria diz para os pais comprarem celulares para seus filhos pequenos. A mídia grita isso todos os dias. Os filhos imploram, afinal, seus amiguinhos de escola já têm celular, então eles querem também. **Todos têm voz: indústria, mídia, sociedade, filhos. Menos os pais.**

É difícil indicar uma idade certa, mas posso afirmar que dar um celular a uma criança que ainda está na Educação

Infantil ou na fase de alfabetização é algo que não acrescenta nada. Enquanto seu filho não for realmente responsável com a organização do quarto, não tiver desenvolvido certa autonomia (e idade) que lhe permita sair de casa sem os pais (um cinema com os amigos, por exemplo), não souber usar a agenda do celular por conta própria, então, dar um celular a ele apenas para baixar joguinhos, repito: é totalmente desnecessário.

Entenda uma coisa: se o seu filho já tem computador em casa (e o tablet, que é portátil), então não há razão para dar a ele um computador que caiba no bolso ou que ele vai derrubar sem querer e quebrar.

Use o seu bom senso e não permita ser tão influenciado pela mídia e pela pressão social dos que já compraram um celular aos próprios filhos.

Muito cuidado também com o **tsunami de selfies**. De uns dois anos para cá a necessidade de selfies cresceu absurdamente. E não apenas isso, mas a necessidade de ter a própria selfie bastante curtida e comentada. Uma selfie de vez em quando não faz mal a ninguém. É legal, é gostoso. Mas, como tudo na vida, o problema está no excesso. A necessidade de se destacar todos os dias, de mostrar que está fazendo atividades banais, corriqueiras do cotidiano de qualquer pessoa, de ser elogiado virtualmente, de ser seguido nas redes por centenas de pessoas... Isso tudo chega a gerar um **transtorno de comportamento, pois a pessoa vive com a expectativa de ser admirada pelo outro.** E "coitada" dela quando a sua foto não é muito curtida! Fica até com depressão quando o impacto não é o esperado. Além de a própria pessoa se colocar em risco, pois deixa a sua vida aberta a qualquer um que por ali navega.

Não podemos ignorar que a violência, os sequestros e a

pedofilia ameaçam constantemente a paz dos lares, por isso, é recomendável os pais instalarem um programa para verificar o que os filhos andam fazendo na internet e checar os sites em que eles gostam de navegar. Estamos falando de crianças que ainda não sabem se cuidar, de pessoas em formação que ainda não são responsáveis pela própria segurança.

Algumas crianças dizem aos pais que estão jogando joguinhos, mas outras mentem. Se for algum jogo on-line, em que seu filho jogue contra outra pessoa, fique atento para tentar verificar se é mesmo uma criança ou se é o caso de ser um adulto se passando por criança, colocando, portanto, seu filho e a família em perigo. Algumas crianças hoje em dia estão fissuradas nas salas de bate-papo, os famosos "chats", e nos sites de redes sociais, como Facebook, Twitter, que são os mais visados pelo público internáutico. Verifique qual é o real interesse de seu filho ao ligar o computador tão desesperadamente assim que acorda. Essa ansiedade deve ser dosada.

Se os pais verificam que está tudo ok, ótimo. Mas, se percebem que há situações inadequadas ou que coloquem os filhos em risco, então, além de conversar e orientá-los sobre os perigos da vida real, devem dificultar o seu acesso à vida virtual, colocando senhas nas telas, por exemplo.

Você pode obter informações sobre pedofilia na internet e como proceder em caso de suspeita pesquisando os sites da SaferNet Brasil, Unicef e Todos contra a pedofilia.

O filho colaborador, que não tem a intenção de fazer nada errado na internet, irá obedecer a seus pais, até por ter compreendido a situação.

No entanto, o filho que tem a intenção de continuar fazendo algo inapropriado irá tentar enganar seus pais. Nesse caso, cabe um castigo, por exemplo: proibir o uso do computador e do celular (caso tenha acesso à rede Wi-Fi), além de não deixá-lo ir à casa dos amigos, afinal, hoje em dia todo mundo tem um computador.

Verifique se o seu filho está com as tarefas escolares em dia e se está se alimentando bem. Verifique também se ele está acessando a internet durante a madrugada (mesmo que não tenha computador no quarto, ele pode fazer isso pelo celular).

Para monitorar os filhos, há alguns sistemas que gravam tudo que é digitado e acessado no computador – são os chamados Keylogger – e outros de acesso remoto, por meio dos quais é possível ver em tempo real o que se faz no computador.

Você pode checar os listados a seguir ou se informar sobre outros.

http://www.wavecorporate.com.br/programa-espiao-wavespy-pro/
http://www.refog.com/
http://www.ammyy.com/pt/

E fique de olho em relação ao rendimento escolar e hábitos na internet (como as salas de bate-papo). É interessante fazer seu filho assistir ao noticiário que relata casos de pedofilia com o uso da internet. Infelizmente, com tantos absurdos acontecendo por aí, como dizem, todo cuidado é pouco.

Pense com o cérebro e responda com o coração
- O seu filho dorme bem?
- O seu filho se alimenta adequadamente?
- O seu filho está em dia com as tarefas da escola, da aula de Inglês, não ficou em recuperação?
- O seu filho mantém o quarto em ordem?

- O seu filho pratica atividade esportiva?
- O seu filho brinca com amigos ou participa de jogos que não sejam eletrônicos?

Se você respondeu "sim" à maioria das perguntas, então sobra pouco tempo para o seu filho ficar no computador e no videogame.

Mais:
- Você sabe o que o seu filho faz na internet?
- Ele fecha as janelas do computador ou fica sem graça quando você passa por perto?
- Ele é fissurado nas salas de bate-papo ou nos grupos de WhatsApp?
- Você sabe com quem seu filho conversa via WhatsApp?
- Qual é a reação dele quando você pede para dar uma olhadinha? Ele permite até certo ponto ou fica agressivo e faz um drama desnecessário, argumentando que você não confia nele e que está sendo invasivo?
- Ele tem vida social real ou está parecendo um zumbi com o celular na mão aonde quer que vá?

Escreva aqui as suas observações:

_____
_____
_____
_____
_____
_____
_____
_____

100 IDEIAS PARA PAIS SEM TEMPO

O mal do século é a solidão
Cada um de nós imerso em sua própria arrogância
Esperando por um pouco de afeição

Esperando por mim
Legião Urbana

Agora, para fechar o livro, um capítulo com 100 sugestões pensadas para você passar mais tempo de qualidade com seu filho. **Não espere o seu filho crescer para só então resolver dar tempo a ele; pode ser tarde demais.** A relação de vocês vai se intensificar no dia a dia desde cedo, com os cuidados básicos já abordados ao longo do livro e, também, com quanto você de fato dá atenção ao seu filho; quanto você brinca com ele de forma bacana, sem cobrança demais, apenas focado no prazer de estarem fazendo algo juntos. Simples assim. Com certeza, muitas risadas vão surgir ao longo de tantas atividades. Além disso, o seu filho terá oportunidade de se desenvolver globalmente falando e, se apresentar alguma dificuldade além do padrão esperado para a sua faixa etária, com certeza ele terá mais probabilidade de ser estimulado, afinal, **o seu filho estará sendo visto de verdade por alguém muito importante para ele: você.**

Então vamos lá: escolha uma atividade sugerida aqui, algo simples, mas que com certeza fará a diferença na relação com seu filho. Desligue a televisão, deixe o celular e o computador de lado; abstenha-se do Facebook por uns instantes e brinque de verdade com o seu filho. Atenção: você vai perceber que neste capítulo dou ênfase ao poder do seu filho, afinal, a proposta é que você dê mais atenção a ele brincando do modo como ele quer. Portanto, aceite as regras dele: aqui, você é o coadjuvante.

Faça as devidas anotações para cada atividade realizada. Anote o dia em que foi feita (em um lugar reservado para a data) e se o resultado foi satisfatório ou não (junto às carinhas de feliz ou triste). Por acaso dá trabalho pegar uma caneta? Não, né? Anotar irá ajudar você a organizar melhor as atividades com o seu filho.

Caso você não conheça alguma atividade listada, poderá pesquisá-la na internet para obter mais informações.

Se você escolher realizar duas atividades por semana, vai ter ideias aqui para um ano inteiro! Está esperando o quê? Vai enrolar ou vai realizar? Não espere o seu filho crescer. Mãos à obra!

	ATIVIDADE	REFLETIR E AGIR JUNTO!
1	**Andar de bicicleta, patins, skate...** data _/__/__ ( )☺ ( )☹	Há quanto tempo VOCÊ não anda de bicicleta com o seu filho? Não estou falando sobre você deixá-lo andar de bike com os amigos no condomínio, mas, sim, de você ser mais ativo com ele. Preguiça de carregar o carro e ir até um parque? E aí?
2	**Bolhas de sabão** data _/__/__ ( )☺ ( )☹	Na área da piscina ou da lavanderia de casa, até no gramado também vale. Qualquer criança se diverte com um potinho de água, detergente e bolhinhas de sabão.
3	**Subir em alguma árvore e comer fruta do pé** data _/__/__ ( )☺ ( )☹	Ai, que delícia! Subir em um pé de manga e arrancar a casca com os dentes; encher uma bacia debaixo de um pé de jabuticaba, descascar mexerica com as pontas dos dedos... bom demais. Não tem na sua casa? Procure por perto; tenho certeza de que vai encontrar.
4	**Brincar juntos na piscina** data _/__/__ ( )☺ ( )☹	Brincar de pegar moedas no fundo da piscina, atravessar a piscina nadando debaixo d'água, adivinhar palavras ditas debaixo d'água. Muito engraçado!
5	**Banho de mangueira** data _/__/__ ( )☺ ( )☹	Que criança não gosta disso? Fique você também com sunga, biquíni, maiô, e entre na brincadeira sem frescura!

6	**Cabra-cega/ gato, mia** data _/__/__ ( )☺ ( )☹	Muito legal! Mude os móveis de lugar, deixe o quarto bem escuro, "mie" de verdade, corra pelo cômodo... brinque!
7	**Passear no parque** data _/__/__ ( )☺ ( )☹	Aproveite os domingos ensolarados do nosso país tropical para sair de casa (e do shopping) um pouquinho.
8	**Jogar frisbee** data _/__/__ ( )☺ ( )☹	Aposto que você nem consegue jogar um! Treine a sua habilidade brincando com o seu filho. Corra, exercite-se!
9	**Andar a cavalo** data _/__/__ ( )☺ ( )☹	Vista uma calça jeans velha, um tênis ou botina surrada e procure por uma hípica na sua cidade.
10	**Ter um aquário** data _/__/__ ( )☺ ( )☹	Os grandes dão muito trabalho, então comece com um pequenininho, desses com um peixe Beta. Torne seu filho responsável pela alimentação e limpeza do aquário, tomando os devidos cuidados com o peixe.
11	**Ter um cachorro** data _/__/__ ( )☺ ( )☹	Tudo de bom, desde que você tenha um certo espaço, tempo e disposição, afinal, os cães se tornam tão filhos quanto os filhos de verdade.
12	**Jogar bola (de qualquer jeito)** data _/__/__ ( )☺ ( )☹	Brincar de vôlei, jogar queimada, bola de praia, bobinho... inúmeras possibilidades.

13	**Casinha de sofás, almofadas e lençol** data __/__/__ ( )☺ ( )☹	Era a minha atividade preferida dentro de casa. Vire os sofás, pegue cadeiras, encaixe os lençóis por cima e faça uma portinha com almofadas. Fica só uma janelinha de frente para a TV. Muito legal!
14	**Acampar no quintal de casa** data __/__/__ ( )☺ ( )☹	Isso mesmo! Mas faça seu filho participar da montagem da cabana também. Conforme for, você pode até fazer uma fogueira e comer *marshmallows*, como nos filmes. Seu filho vai achar o máximo!
15	**Ir a uma cachoeira ou a um lago** data __/__/__ ( )☺ ( )☹	A natureza do nosso país é muito rica. Pesquise na internet e faça um passeio diferente no final de semana.
16	**Pescar** data __/__/__ ( )☺ ( )☹	Você não gosta muito? Nem eu. Mas isso não importa. A ideia é apenas fazer algo diferente com o seu filho, e pescar é muito bom para exercitar o silêncio e a paciência. Dele e sua.
17	**Reciclar jornal no liquidificador** data __/__/__ ( )☺ ( )☹	Muito interessante. Pique o jornal e coloque-o aos poucos com água dentro do liquidificador. Depois esparrame em uma superfície lisa (o chão do quintal) e deixe secar. Dá para utilizá-lo como artesanato.
18	**Fazer chocalhos ou porta-lápis com latas recicláveis** data __/__/__ ( )☺ ( )☹	Latas de milho, ervilha, potes de achocolatado em pó, leite em pó, vidrinhos de geleia...

19	**Organizar os brinquedos com potes de sorvete** data __/__/__ ( )☺ ( )☹	Ah, sim, os potes de sorvete podem ser muitíssimo bem aproveitados dentro de gavetas para separar meias, bijuterias, cintos, bonecas, carrinhos, quebra-cabeças, conjuntos de brinquedos...
20	**Colagem com folhas secas** data __/__/__ ( )☺ ( )☹	Sabe aquele papel reciclado que vocês já fizeram com jornal? Então, que tal colar algumas folhas secas e gravetos nele e transformá-lo em um quadro bem legal?
21	**Moldura de um quadro ou porta-retratos com grãos** data __/__/__ ( )☺ ( )☹	Pegue um porta-retratos velho ou já descascado e cole grãos com cola quente. Milho de pipoca, a mistura das cores dos feijões, sementes diversas... Fica original, charmoso e com um toque do seu filho.
22	**Fantoches com meias velhas** data __/__/__ ( )☺ ( )☹	Muito fácil! Pegue uma meia velha, pinte-a com canetinha, cole com cola quente dois botões para fazer os olhos e costure uma língua e as orelhas. Fica muito engraçado e seu filho pode levar o fantoche à escola no "Dia do Brinquedo".
23	**Castelos de areia** data __/__/__ ( )☺ ( )☹	Há quanto tempo você não senta na areia e brinca com o seu filho? Seja criativo. Mostre empolgação e tente fazer verdadeiras construções!
24	**Ler histórias debaixo de uma árvore** data __/__/__ ( )☺ ( )☹	Que delícia! Leve uma almofada para cada um e um lençol para forrar a grama. Deixe seu filho escolher a história.

25	**Piquenique de verdade** data __/__/__ ( )☺ ( )☹	Isso mesmo! Com direito a cestinha, toalha xadrez, frutas e bolo caseiro.
26	**Noite do pijama** data __/__/__ ( )☺ ( )☹	Que criança não gosta de chamar alguns amigos para dormir em casa e fazer uma baguncinha a mais?
27	**Cineminha em casa** data __/__/__ ( )☺ ( )☹	Sessão cinema só com a família. Escolham juntos dois ou três filmes, preparem bastante pipoca, refrigerante e balinhas. Deixem a sala escurinha e divirtam-se!
28	**Plantar uma árvore, flor, mudinha** data __/__/__ ( )☺ ( )☹	Pode ser na terra, em casa, na praça ou em um potinho de iogurte.
29	**Tirar fotos de elementos da natureza** data __/__/__ ( )☺ ( )☹	Seu filho já parou para olhar o céu? O pôr do sol? Tentar contar as estrelas? Observar as formações na Lua? Já olhou formigas carregando folhas pesadas? Borboletas? Beija-flor? Um ninho? E você, já?
30	**Tomar sorvete na praça** data __/__/__ ( )☺ ( )☹	Hum, que delícia! Com direito a se lambrecar e olhar vendedores de cata-vento e algodão-doce!
31	**Visitar um museu** data __/__/__ ( )☺ ( )☹	O Brasil não é um país que investe muito na atratividade dos museus, mas... tente se informar sobre algum museu que possa agregar conhecimento a vocês e bom passeio!

32	**Conhecer uma fábrica** data __/__/__ ( )☺ ( )☹	Eu, por ser de Brasília, cresci sem passeios escolares em fábricas, mas era louca para conhecer alguma: de refrigerante, lápis de cor, chocolate etc. Mostrar ao seu filho o passo a passo é enriquecedor e muito interessante.
33	**Fazer uma doação** data __/__/__ ( )☺ ( )☹	Arrá! Pessoas carentes não faltam no nosso país, não é mesmo? Pode ser uma doação para um conhecido ou para uma instituição. Pode ser só da sua família ou organizada com os vizinhos. Exerça a solidariedade. Dê o exemplo!
34	**Visitar instituições carentes** data __/__/__ ( )☺ ( )☹	Levar seu filho para ver com os próprios olhos que há muita gente carente irá fazer com que ele valorize mais o que tem e, também, exercite o sentimento de ajudar o próximo.
35	**Festa de aniversário de bonecas/ bonecos** data __/__/__ ( )☺ ( )☹	Funciona assim: cada criança convidada leva uma boneca/boneco e a mãe da criança anfitriã prepara pequenos bolinhos/cupcakes e gelatinas coloridas em copinhos de café. Em cada bolinho coloque uma velinha para que a mesa fique bem bonita. E todos cantam parabéns à boneca que os convidou! (Sim, minha mãe já fez isso para mim!)
36	**Ler gibis** data __/__/__ ( )☺ ( )☹	A linguagem dos gibis, os desenhos, a sequência das histórias torna a leitura muito mais divertida e exercita a capacidade de interpretação, além do bom humor.
37	**Caleidoscópio** data __/__/__ ( )☺ ( )☹	Seu filho sabe o que é um caleidoscópio? Que tal comprar um e pedir a ele que descreva para você o que vê, de modo que você tenha que tentar desenhar? Que desafio! Depois troquem os papéis!

38	**Completar um álbum de figurinha** data __/__/__ ( )☺ ( )☹	Os pais de hoje estão comprando muitas figurinhas de uma vez só. Assim, a criança não tem a oportunidade de sentir "aquela emoção" ao completar o álbum. Deixe seu filho ter o prazer de comprar pacotinhos com as moedas que ele guardou e diga a ele para trocar figurinhas repetidas com os amiguinhos.
39	**Colecionar alguma coisa** data __/__/__ ( )☺ ( )☹	Ter uma coleção, fazê-la crescer aos poucos e ter o cuidado com as peças é muito bacana. Eu tinha mais de 3 mil papéis de carta e sabia onde cada um estava dentro da pasta. Veja com o seu filho um item possível de ser colecionado, guardado (mas facilmente exposto também) e que seja do interesse dele.
40	**Brincar de escolinha** data __/__/__ ( )☺ ( )☹	Um brincar de faz de conta e que não requer muito, apenas um caderno velho, umas canetas e imaginação para passar atividades. Claro que o professor será o seu filho. Se você tiver uma lousinha, melhor ainda!
41	**Brincar de salão de beleza** data __/__/__ ( )☺ ( )☹	Lavar os cabelos um do outro, fazer penteados engraçados, cortar as unhas... Brincar de "dar um trato".
42	**Cantar/karaokê** data __/__/__ ( )☺ ( )☹	Use os vídeos do YouTube para acompanhar as letras das músicas preferidas de vocês.
43	**Dançar/inventar coreografias para apresentar** data __/__/__ ( )☺ ( )☹	Também com o uso da internet, você pode imitar as coreografias dos clipes originais ou inventar as suas próprias.

44	**Fazer massagem** data __/__/__ ( )☺ ( )☹	Arrá! É muito boa essa atividade. Exercita a entrega ao outro, o relaxamento do corpo e o cuidado ao tocar o corpo do outro. Use um hidratante gostoso ou o óleo de sua preferência.
45	**Pular corda** data __/__/__ ( )☺ ( )☹	Há diversas brincadeiras regionais que envolvem uma cantiga e o pular corda. E a maioria é muito divertida!
46	**Pular amarelinha** data __/__/__ ( )☺ ( )☹	Rabiscar a rua na frente de casa com giz e brincar com a molecada toda. Não se esqueça de fazer o "céu" e o "inferno" e de usar as pedrinhas para jogar nos números.
47	**Montar um quebra-cabeça** data __/__/__ ( )☺ ( )☹	Se você tiver espaço em casa, providencie uma superfície lisa onde vocês possam montar quebra-cabeças de muitas peças e, aos poucos, dia a dia, montem com calma. Depois podem pensar em colá-lo em uma tábua de madeira e transformá-lo em um quadro.
48	**Preparar sanduíches para a família** data __/__/__ ( )☺ ( )☹	Caprichem nos tipos de pães, manteiga, requeijão, geleia, frios variados, uma folhinha de alface e umas rodelas de tomate. Hum! E não se esqueça de lavar as mãos antes, hein?
49	**Fazer brigadeiro/ docinho de leite em pó** data __/__/__ ( )☺ ( )☹	Muito bom! Pode ser o início de aprender a lidar com responsabilidade com o fogão. Mas fique ao lado do seu filho. Depois vocês podem confeitar os doces com granulados de chocolate, coloridos ou prateados. Delicioso e bonito!

50	**Fazer vitamina no liquidificador** data __/__/__ ( )☺ ( )☹	Laranja, maçã, mamão e banana. Ou leite e banana. Ou qualquer outra que você quiser. Diga ao seu filho para servir um copão para cada membro da família. Ele ficará muito feliz ao ver as pessoas tomando um preparado seu, além de aprender a descascar as frutas devidamente.
51	**Fazer um bolo usando a batedeira** data __/__/__ ( )☺ ( )☹	Ótimo para trabalhar também a higienização, coordenação motora (quebrar os ovos, por exemplo) e organização de quantidade (2 xícaras disso, 3 colheres daquilo etc.).
52	**Massinha** data __/__/__ ( )☺ ( )☹	Brinque de massa de modelar de acordo com as vontades do seu filho. Se você quiser, pode fazer massinha caseira (que é comestível). Há várias receitas na internet.
53	**Origami** data __/__/__ ( )☺ ( )☹	Que tal colar dobraduras na parede do quarto do seu filho? Ou montar um móbile com origamis feitos e coloridos por vocês? Legal, né?
54	**Desenhar/pintar** data __/__/__ ( )☺ ( )☹	Isso as crianças já fazem o tempo todo. Sozinhas. Desenhe junto com seus filhos. Deixe que eles deem um tema para você desenhar. Entre você no mundo imaginário do seu pequeno.
55	**Desenhar o próprio corpo** data __/__/__ ( )☺ ( )☹	Compre várias folhas de papel pardo, deite-se sobre uma delas e peça ao seu filho que faça o seu contorno. Depois vão desenhando cada parte do corpo no contorno feito. Façam isso com cada pessoa da família e depois brinquem de comparar o desenho e a pessoa de verdade. Tenho certeza de que vocês darão boas risadas.

56	**Maquiagem/ fantasia** data __/__/__ ( )☺ ( )☹	Se você não tem fantasias ou adereços em casa, não tem problema. Pegue tiaras da filha, cintos e gravatas do pai, saltos e saias da mãe, bonés do filho e divirtam-se. E brinquem de fazer desenhos nas bochechas com as maquiagens que tiverem.
57	**Fazer uma árvore genealógica com fotos da família** data __/__/__ ( )☺ ( )☹	Que bacana! Vocês podem desenhar uma árvore bem bonita em uma cartolina e tentar incluir todos os membros da família. Ainda podem tirar uma foto da árvore, imprimi-la e presentear cada pessoa colocada na árvore. Não é legal?
58	**Ajudar a mamãe a regar as plantas** data __/__/__ ( )☺ ( )☹	Parece banal e chato, mas você pode fazer isso de modo que seu filho se sinta importante e valorizado por fazer a coisa certa. É bom para desenvolver responsabilidade e para a autoconfiança dele.
59	**Empurrar com cuidado o carrinho no supermercado** data __/__/__ ( )☺ ( )☹	Cabe aqui o que foi dito acima. Seu filho terá de prestar atenção para não esbarrar nas pessoas, terá de pedir licença aos outros. Trabalha a percepção espacial e dá a seu filho mais senso de autonomia também.
60	**Organizar a sapateira** data __/__/__ ( )☺ ( )☹	Pode ser chato ou pode ser divertido. Se for algo imposto, fica chato. Se for brincando de falar os sapatos que têm chulé e os que precisam ir para o sapateiro, fica mais interessante.

61	**Colocar ração para o cachorro e trocar a água dele** data __/__/__ ( )☺ ( )☹	Cuidar de um bichinho, além de ser muito bom para a afetividade, cria em nós a ideia (real) de ser responsável pelo outro. Crianças acima de 4 anos já conseguem fazer isso com o auxílio dos pais.
62	**Manter o quarto em ordem** data __/__/__ ( )☺ ( )☹	Seu filho deve entender que o quarto dele é o seu cantinho especial e que cabe a ele deixá-lo em ordem. Então, no momento em que for necessário repintar o quarto, nada mais justo do que ele escolher a nova cor da parede.
63	**Checar a agenda da escola e a higiene da lancheira** data __/__/__ ( )☺ ( )☹	Checar se fez tudo o que a professora solicitou e manter a lancheira em ordem também são atividades rotineiras que tornam o seu filho mais confiante e dono do próprio nariz. Aprenda a delegar funções básicas aos pimpolhos. Eles conseguem cumprir.
64	**Lego** data __/__/__ ( )☺ ( )☹	Há quanto tempo você não brinca de Lego com seu filho? Tanto seguindo o passo a passo dos que vêm com ordem de montagem quanto brincar de construir com a imaginação solta. Brinque com seu filho de modo a permitir que ele coordene um pouco os seus passos.
65	**Brincar de boneca** data __/__/__ ( )☺ ( )☹	Algo tão simples, mas que muitos pais nem sabem como fazer. É fácil: apenas imite a sua filha e deixe que ela diga quem é a mamãe e quem é a filhinha. Preste atenção nos detalhes: com certeza ela vai projetar na brincadeira o seu jeito de ser como mãe. Está disposta a se enxergar?

66	**Brincar de carrinho** data __/__/__ ( )☺ ( )☹	Explore bem os ambientes: brinque com as pistas industriais mas construa as pistas de vocês, com direito a mergulhar o carrinho em monte de areia ou na piscina. Curta o seu filho enquanto é possível!
67	**Pião** data __/__/__ ( )☺ ( )☹	Mais legal (e mais difícil) do que os piões modernos é o pião encontrado em feiras de artesanato. Brinquedos de madeira são o máximo. Proponha o desafio ao seu filho!
68	**Ioiô** data __/__/__ ( )☺ ( )☹	Brincar de ioiô é mais difícil do que parece; não deixe que seu filho desista sem persistir.
69	**Charadas e trava-línguas** data __/__/__ ( )☺ ( )☹	Exercite o bom humor e o raciocínio do seu filho (e o seu também). As bancas sempre têm revistinhas de charadas.
70	**Ler uma historinha antes de dormir** data __/__/__ ( )☺ ( )☹	Você pode variar entre histórias de livros mesmo ou histórias inventadas, desde que esteja deitado lado a lado com o seu filho e, de preferência, aconchegando-o no seu peito.
71	**Fazer uma oração com todo o coração** data __/__/__ ( )☺ ( )☹	Um hábito que poucas famílias têm mas que todos deveriam ter, pois acalma a alma. Pense em alguém especial a cada dia e permita que o seu filho ore do jeitinho dele.
72	**Fazer almofada com camiseta que não serve mais** data __/__/__ ( )☺ ( )☹	Pegue uma camiseta do seu filho que já não serve mais e que você está com dó de doar e encha-a com espuma. Costure a gola, os braços e a parte de baixo. Vai ficar uma almofada muito legal!

73	Cinco-marias (conhecido também como cinco pedrinhas) data __/__/__ ( )☺ ( )☹	Não sei na sua família, mas na minha a campeã é a minha avó (minha querida Stellinha). Incorpore um pouquinho os anos 30 e divirtam-se à moda antiga!
74	Jogar bete (conhecido também como taco ou tacobol) data __/__/__ ( )☺ ( )☹	Bons tempos, em que a rua vivia cheia de crianças jogando bete, não é verdade? Diga ao seu filho para convidar alguns amigos e ensine a todos um jogo que provavelmente eles não conhecem.
75	Ensinar um jogo de baralho ao seu filho data __/__/__ ( )☺ ( )☹	Pense em um jogo de que você gostava e ensine ao seu filho; de preferência algum em que haja contagem de pontos e que não seja tão rápido, pois assim ele terá de exercitar estratégias mais elaboradas.
76	Levar livros velhos a um sebo data __/__/__ ( )☺ ( )☹	Façam uma seleção de livros em casa e levem-nos ao sebo. Aproveitem e comprem novos livros. Seu filho aprenderá a cuidar mais dos livros e a comprar de modo mais econômico.
77	Ir a um brechó data __/__/__ ( )☺ ( )☹	O mesmo dito sobre os livros, com um acréscimo: seu filho terá a chance de ver roupas de algumas décadas atrás e se divertir com isso.
78	Ir ao circo data __/__/__ ( )☺ ( )☹	Você costuma aproveitar as atrações que vão a sua cidade? Fique atento à agenda cultural!

79	**Comer pastel na feira** data __/__/__ ( )☺ ( )☹	Acordar cedo no domingo dá uma preguiça... Mas comer pastel da feira da barraca do japonês compensa, não é mesmo? Boa feira!
80	**Bolinhas de gude** data __/__/__ ( )☺ ( )☹	Por acaso você sabe brincar de bolinhas de gude? Aproveite e junte os avós para brincar e ensinar também. Provavelmente os mais velhos darão um "banho" nos mais novos!
81	**Brincar de "Stop"** data __/__/__ ( )☺ ( )☹	Pegue um papel e uma caneta para cada participante e escreva: nome, fruta, animal, objeto, carro, cidade e o que mais você quiser. Escolham uma letra do alfabeto e... o primeiro que preencher todas as categorias grita: "Stop!".
82	**Ter um kit de laboratório de química** data __/__/__ ( )☺ ( )☹	Muito legal! Aproveite e compre um jaleco para o seu filho também. Certifique-se de que ele não irá beber nada e de que usará luvas. Então permita que ele entre um pouquinho no mundo da NASA.
83	**Ter um kit de mágicas** data __/__/__ ( )☺ ( )☹	Muito bacana! Providencie a roupa própria ao seu filho e verifique se ele já está apto a fazer uma apresentação para os membros da família. Não desmascare os truques para os curiosos. Deixe que seu filho sinta que guarda um grande segredo.
84	**Formar uma banda em que seu filho começa sendo o maestro** data __/__/__ ( )☺ ( )☹	Pode ser com instrumentos tradicionais simples como chocalhos, gaita, flauta, tambores, ou até com tampas de panelas, colher de pau e o bater das palmas. O importante é que ele seja o maestro!

85	**Preparar um teatro em casa** data __/__/__ ( )☺ ( )☹	Arraste o sofá, vire a mesa, crie um palco e dê asas ao show que está para começar! Bom espetáculo!
86	**Brincar de "vaca amarela..."** data __/__/__ ( )☺ ( )☹	Na hora do cansaço, ensine a seu filho a famosa "vaca amarela" da sua infância e exercite o controle do silêncio em cada um.
87	**Brincar de "estátua"** data __/__/__ ( )☺ ( )☹	Essa brincadeira exercita o controle corporal estático.
88	**Fazer uma pizza em casa para a família** data __/__/__ ( )☺ ( )☹	Ah... muito gostoso! Mãos lavadas, massa aberta, molho de tomate, fatias de queijo e a cobertura que cada um quiser. Leve ao forno e... *voilà*!
89	**Planejar uma viagem** data __/__/__ ( )☺ ( )☹	Que tal perguntar aos pimpolhos da casa se eles preferem ir para a praia ou para a fazenda? Para o frio ou para o calor? Diga a eles para juntarem moedinhas, pois, se vão viajar, é tempo de fazer economia.
90	**Brincar de bola de cristal** data __/__/__ ( )☺ ( )☹	Vocês podem brincar de adivinhar o dia de amanhã: se vai chover, se algum colega vai faltar à escola (e o motivo), se a professora fará alguma surpresa... Quanto maior o seu filho, mais elaborado o seu pensamento deve estar.

91	**Contar histórias sobre a sua infância** data __/__/__ ( )☺ ( )☹	Você já contou ao seu filho o que você gostava de fazer quando era criança? Qual castigo seus pais lhe davam? Se você já repetiu de ano? Se gostava de ir à escola? As artes que já aprontou? Tenho certeza de que ele vai gostar muito de saber um pouquinho sobre você quando era pequenino.
92	**Mostrar álbuns de quando os pais eram crianças** data __/__/__ ( )☺ ( )☹	Mostre seus álbuns de infância e veja se o seu filho adivinha quem é quem. E compare as roupas que todos usavam com as roupas de hoje.
93	**Tirar fotos de diferentes expressões faciais** data __/__/__ ( )☺ ( )☹	Com o uso da máquina fotográfica, ou do celular, com a câmera invertida ou não, tire fotos de vocês fazendo diversas caretas e depois nomeie as emoções de cada careta. Além de divertido, serve para o seu filho se perceber quando se expressa.
94	**Telefonar para alguém** data __/__/__ ( )☺ ( )☹	Isso mesmo, com o intuito de saber como a pessoa está, como foi o seu dia, o que ela fez de bom, se aconteceu algo ruim etc. Desenvolva no seu filho a sensibilidade de demonstrar afeto a outra pessoa e de ouvi-la atentamente.

95	**Escrever cartinhas para pessoas queridas** data __/__/__ ( )☺ ( )☹	Poucas pessoas ainda mantêm o hábito de escrever cartas. Pense em alguém que mora em outra cidade e peça ao seu filho que escreva uma cartinha junto com um desenho. Vá ao correio com ele no dia seguinte e... vamos torcer para que ele receba uma carta de volta.
96	**Fazer com as próprias mãos um presente para alguém** data __/__/__ ( )☺ ( )☹	Com tudo o que foi sugerido aqui, o seu filho pode fazer um presente para alegrar alguém. Um doce, um bolo, uma dobradura, um desenho, um fantoche, qualquer coisa, desde que seja feita por ele e colocada em uma embalagem para dar de presente. Presente feito pelas mãos de quem o dá tem um "sabor" de mais amor.
97	**Perguntar ao seu filho quais são os motivos pelos quais um adulto merece ficar de castigo** data __/__/__ ( )☺ ( )☹	Arrá!... Prepare-se para ouvir umas boas verdades. Provavelmente o seu filho vai citar algumas brigas de casal, coisas a ver com dinheiro, trabalho... Ouça com atenção e reflita depois.
98	**Fazer seu filho pensar sobre o que cada membro do núcleo familiar tem de melhor** data __/__/__ ( )☺ ( )☹	Só vale falar coisas boas sobre as pessoas. Nada de apontar defeito ou erro de alguém. Somente coisas boas. Vamos valorizar o positivo.

99	**Conversar de verdade sobre como foi o dia do seu filho** data __/__/__ ( )☺ ( )☹	Há quanto tempo você não conversa sobre o dia do seu filho? Você realmente o ouve com calma ou está sempre pensando no que tem de fazer depois? Ouvir o outro de verdade é uma forma de demonstrar amor. Ouvir com calma e atenção dá segurança e tranquilidade ao coração.
100	**Mural de fotos** data __/__/__ ( )☺ ( )☹	Faça um mural no corredor de casa ou no quarto do seu filho com fotos que registraram momentos divertidos ao longo dessas atividades.

30 JOGOS/BRINQUEDOS

Além das 100 atividades sugeridas, segue aqui uma lista com 30 jogos/brinquedos conhecidos por muitas pessoas. Muitos desses jogos geraram outros semelhantes. Use-os em casa, no hotel-fazenda ou na casa da vovó, mas use-os. Boa diversão!

1. Ludo: trata-se de um jogo simples, em que a criança joga os dados e move o pião de acordo com o número que tirou. Não exige muito raciocínio lógico, por isso é um jogo mais fácil.

2. Pega-varetas: um jogo de concentração visual e manual também. Trabalha a coordenação motora e a acuidade visual.

3. Cai não cai: jogo de equilíbrio e que exige noção de percepção espacial para ter uma previsibilidade sobre as bolas de gude que irão cair.

4. Genius: brinquedo muito legal que trabalha com sequência de cores luminosas e sons. A criança é obrigada a ficar atenta ou então perde a sequência.

5. Cubo mágico: bom brinquedo para levar em uma viagem de carro, desde que o seu filho não se frustre rapidamente. Para incentivá-lo, mostre a ele vídeos no YouTube com pessoas que montam o cubo em segundos. Ele ficará maravilhado!

6. Cara maluca: um brinquedo que exige atenção e agilidade do seu filho. Se bobear, perde no marcador de tempo e, se não prestar atenção na figura, confunde todas as peças. Muito divertido!

7. Cilada: uma espécie de quebra-cabeça também de fácil transporte, possibilitando diversas formas de sucesso.

8. Jogo da memória: parece bobo, mas só se você brincar com poucos pares. As crianças de hoje nascem com um "chip" fantástico. Aposte em jogos com muitos pares e exercite você a sua memória.

9. Dominó: além de brincar do modo tradicional, você também pode brincar de enfileirar as peças e depois dar um peteleco na peça da ponta. Seu filho vai desenvolver mais a noção espacial e vai achar a experiência um barato!

10. Jogo dos 7 erros: vá até a banca e compre revistinhas de jogos dos 7 erros. Existem em diferentes níveis, desde o principiante até os mais avançados. E tenha paciência: deixe que seu filho perceba as diferenças entre as imagens.

11. Lince: um jogo de desenvolvimento da acuidade visual e rapidez. Você encontra nas lojas.

12. Pictureka: esse é um jogo mais moderno, no estilo do Lince, só que divertidíssimo, pois as figuras são superoriginais e malucas. E as tarefas solicitadas também.

13. Onde está Wally?: também é um jogo, ou melhor, um livro, em que a criança precisa procurar o Wally e alguns objetos e personagens. Excelente para levar em viagens longas. Mas atenção: crianças pequenas precisam de auxílio.

14. Super Trunfo: ótimo jogo para desenvolver conhecimentos gerais, já que cada tema envolve diversas características.

15. Dama: parece simples, mas exige que a criança elabore estratégias simples.

16. Resta um: é um quebra-cabeça cujo objetivo é deixar apenas uma peça no tabuleiro.

17. Uno: divertido, simples e com diversas regras para jogar. Obriga a criança a ficar atenta ao passo do outro jogador. Olhar para o que o outro faz é fundamental.

18. **Banco imobiliário:** é mais simples do que parece. Basta seguir o que os dados e as cartas solicitam. Jogo demorado e que requer paciência. Ótimo para um sábado à noite chuvoso.
19. **Jogo da vida:** também é um jogo longo e simples, pois basta seguir os comandos das fichas.
20. **Forca:** você pode adaptar de acordo com a idade escolar do seu filho. Quanto mais velha a criança, mais difícil a proposta. Pode ser em português, em inglês, uma palavra só, uma frase... Vocês podem criar diversas regras.
21. **Palavras cruzadas:** facilmente encontrado em bancas com diversos níveis de dificuldade.
22. **Cara a cara:** divertido e requer atenção da criança no processo de inversão da informação. Criatividade na elaboração de perguntas também é desenvolvida.
23. **Batalha naval:** um jogo que requer estratégias e trabalha a percepção espacial. Além disso, é preciso confiar na palavra da outra pessoa.
24. **Xadrez:** se o seu filho já lida bem com regras de jogos, nada melhor do que o xadrez, já que cada peça se move de um modo específico.
25. **Detetive:** é preciso seguir pistas para solucionar um crime de acordo com o processo de eliminação de informações. Acima de quatro jogadores fica mais divertido!
26. **Combate:** estratégias de localização e organização na hierarquia são fundamentais para obter sucesso nesse jogo.
27. **Senha:** um jogo um pouco mais difícil e que requer mais raciocínio lógico e atenção às dicas fornecidas.
28. **Perfil:** ótimo jogo para enriquecer os conhecimentos gerais da família toda.

29. Imagem & Ação: desenvoltura, desinibição e bom humor são fundamentais para participar desse jogo.

30. War: um dos jogos mais demorados e estratégicos que há. Indicado para crianças maiores, entrando na adolescência.

Pois bem. Agora que você já leu o livro todo, tenho certeza de que, dentro das suas 24 horas, você encontrará mais tempo para o seu filho todos os dias.

Da mesma forma que ninguém conhece o seu filho tão bem quanto você, ninguém é mais responsável por ele do que você. Portanto, seja ativo, seja participativo, seja protagonista na vida dele.

Eu compreendo perfeitamente quando alguns pais me dizem que está muito difícil criar um filho atualmente. Não apenas financeiramente, mas também no que se refere a valores humanos. Ainda mais na sociedade atual, que faz pressão, que se intromete. A sociedade não é adequada em muitos aspectos. É por isso que essa mesma sociedade está pagando um preço muito alto pela criação de pessoas inadequadas.

Há um post que circula pela internet de que eu gosto muito: "O certo é o certo; mesmo que ninguém esteja fazendo.

E o errado é o errado; mesmo que todos estejam fazendo".

Portanto, não se perca. Torço para que você mantenha o foco nos princípios e valores estruturados em equilíbrio ao educar o seu filho. Bom senso sempre. Flexibilidade idem. Mas cuidado quando as exceções virarem rotina. Não tenha receio de repensar o seu modo de enxergar a vida.

E assim eu me despeço de você. Confiante em plantar uma semente que há de gerar muitos frutos promissores. A você, ao seu filho e, assim, à sociedade.

Um viva aos nossos pequenos e à esperança de uma sociedade mais equilibrada.

Visite e conheça estes e outros lançamentos
www.matrixeditora.com.br

Puxa conversa - Família
Conversar é um jeito gostoso de unir ainda mais a família. Para ajudar, aqui está este livro em forma de caixinha. São 100 cartas. Em cada carta, uma pergunta. Basta puxar uma e começar a bater papo. Os temas são divertidos, reveladores e sentimentais. E a conversa vai longe.

Coaching para pais e mães
Diferente de tudo que você já viu, coaching é a proposta da autora para que você, pai ou mãe, seja bem-sucedido na educação dos seus filhos. O que conta para eles são as suas atitudes; assim, é necessário que você defina os seus objetivos – quais os valores que deseja transmitir a seus filhos. A ideia é passar por um processo de autoconhecimento e fortalecer sua autoestima, de maneira a transmitir segurança ao seu filho.

A história da minha vida
Plantar uma árvore, ter um filho e escrever um livro. Dizem que essas são três coisas importantes para se fazer na vida. Se você ainda não escreveu um, que tal começar a fazer isso agora? E por que não a sua própria história? Através de pequenos exemplos você é convidado a parar, pensar e escrever. Um livro para guardar e/ou compartilhar. Mas, acima de tudo, para ser um marco nessa importante vida que é a sua.

Hoje é o dia mais feliz da sua vida
Diz o ditado que uma imagem vale por mil palavras. Mas não existe imagem que seja tão forte quanto as palavras precisas, as que encorajam, as que mostram caminhos, aquelas que fazem pensar e mudar. *Hoje é o dia mais feliz da sua vida* é um livro feito com palavras motivadoras e imagens de rara beleza, que também têm muito a dizer. Uma obra inspiradora, feita para quem quer um dia a dia de mais felicidade.

facebook.com/MatrixEditora